乘風破浪的蛋黃酥

擁抱無可救藥的樂觀

何雪帆 著
美樂蒂 Melody

Contents

Contents

Contents

Part 3 擁抱無可救藥的樂觀

Contents

前言

凌晨一點，我感到一股暖流湧出，大概是又出血了！

急忙衝進廁所，看到的是大量的咖啡色液體……我不知所措的站在原地。

隔沒一會兒開始湧出了鮮血，醫生也推著超音波機趕過來，一照，眼前卻出現了難以置信的畫面。

「羊水都沒了！我想……接下來可能會有一些進展……」醫生很小心的斟酌用詞。

「很抱歉，我們都那麼努力了，卻還是發生了這樣的事情……」見我們都沉默著，醫生試圖再擠出點什麼話來。

可我與寶寶哥除了盯著超音波上的畫面外，什麼也說不出口。

一小時前，一切明明都還好好的……

住在醫院裡已經快一個月了，無數次緊急大量出血都沒能真正將我們分離，卻在一切都要撥雲見日、即將出院的前夕，孩子卻無預警的向我們告別了。

也不過才幾個小時前，我剛感受到孕期以來的第一次胎動，就在下腹部的右側，他很用力的踢了我一腳，我還感到很新奇呢！

原來，那是他的道別。

謝謝你來這一趟

終於還是來到了告別的這一天。今天的雨下不停，就像我為你誦經時掉的眼淚。

引產那天我們選擇沒有要看你，但或許是上天註定吧，今天葬儀社在讓我們看你棺木裡的擺放時，我們還是看見你了。

爸爸說，原來你其實並不小耶！

對呀，而且爸爸站的位置還看得到你可愛的小手，只是我沒有勇氣再更靠近了。

這陣子我總是在想，為什麼我會不喜歡聽見人們說。

「寶寶會再回來的。」

「下一個寶寶來了就會好了。」

或許我不喜歡的，只是人們將你分成了這一個、下一個的。

最近我最常問爸爸的問題就是：「你以後會忘記他嗎？」

原來我真正害怕的，是隨著時間過去，或是當「下一個」真的來臨時，這世上就再也沒有人記得你了。

就像這段時間，世界並沒有停止運轉。

我喜歡的名人生孩子了、我身邊的老同學也生孩子了，我很替她們高興，只是以前我怎麼從來不覺得有這麼多人在生孩子呢？到了自己比較敏感的此刻，才發現世界還是如常運轉著，沒有為誰停下來過。

就像我那離開醫院時還布滿針孔、已經就快找不到血管埋針的雙手，經過了二十多天，也都悄悄癒合成了一點一點淺色的疤痕，終有一天這些疤痕都會在我的手上消失，就像你還不曾來過時那樣。

可即使我無法阻止那些能代表你來過這世上的證明消失得無影無蹤，但我一定會永遠記得你，永遠、永遠。

謝謝你來這一趟，我昨天跟爸爸說，明明懷孕的過程裡沒有一天是舒服的，但有個孩子在肚子裡的感覺，真的很幸福。

我體驗過世上很多幸福的感受，但懷孕的幸福只有你給過我，媽媽真的、真的很謝謝你喔！

再見了，我的蛋黃酥，爸爸的小情人。

* * *

後來有那麼一小段時間，我都聽不進任何指教。

「妳趕快去掛免疫科，看看會不會是免疫的問題。」

「這種就是自然淘汰，不用太放在心上，懷孕的人都有五分之一的機率會遇到的。」

「或許上天就是有任務要交給妳，才會選了妳。」

「妳還年輕，下一個很快就會回來了。」

明知所有人都沒有惡意，但就是很難聽得進去。

我總在心裡頭回嘴。

「你懂什麼！我早就做過全套的免疫血液檢測了。」

「你胡說！我的週數早就超過自然淘汰的週數了。」

引產後的我，內心就像塊薄薄的玻璃，脆弱得無力反擊且一碰就碎。只能在內心輕輕的拍拍自己的心，再小聲的對自己說：「不要去在意，大家都不是故意的。」

也有那麼一小段時間，我不只一次在心裡責怪過自己。

我一直是個無比開朗又活潑的人，跟身邊熟識的朋友講起話來更是百無禁忌。我總是很愛開玩笑，也很喜歡那個愛開玩笑的自己。

可就在引產過後，我曾覺得一定是自己太愛開玩笑了，才會導致這樣的結果。

我的孕期有很多不適，我總是笑著跟朋友說：「媽的，他再這樣鬧下去，我就把他抓出來打！」

孩子出生後家裡可能會需要換一部車，我屬意的車款關門會發出非常大的聲響，大家都說這樣會嚇到坐在汽座上的嬰兒，只有我雙手一攤、聳了聳肩，擺出「那我也沒辦法啊」的手勢說：「頂多帶她多收幾次驚而已嘛，緊張什麼！」

可我真的只是開玩笑的。

聞到病房裡隔壁床的產後媽媽在吃著很香的月子餐，我對著肚子喊話：「孩子啊，快點出來吧，媽媽也很想吃月子餐耶。」是我忘了跟他說，等到足月再出來。

還有很多很多，我自以為幽默的玩笑，都成了後來我難以原諒自己的傷痕。

那些話我以後再也不會說了。

我責怪自己不該說那些話，也認為就是因為我的玩笑，他才會不想來當我的孩子、老天才會懲罰我。

懷孕前，我就從身邊的媽媽朋友們那兒得知，當了媽媽後時常容易有著來自四面八方的莫名自責，彷彿怎麼做都不合格。

為此我還跟好友約定，萬一未來我們不小心也對那些「已經很努力卻仍無法控制的事情」產生自責時，一定要彼此提醒，並將對方從黑洞裡拉出來。

這個約定還熱騰騰的，但我卻沒有讓朋友們知道我深陷在某種自責中走不出來，選擇了讓自己待在裡面。

原來，身為媽媽的自責情緒，是這般難以言喻又無法理性控制的呀！

更有那麼一小段時間，我認為自己這輩子大概都無法再面對任何人了。

我不知道如何面對那些朋友們才剛送給我的懷孕祝福，覺得自己愧對了那些祝福。

也不知道如何面對還不曉得我已經引產的人們，我有辦法在不給人帶來負擔的情況下說出我發生了什麼事嗎？坐完月子以後還是得回去上班，也很害怕面對同事們可能表達的關心或安慰的眼神。

那股脆弱是如此的不想讓人看見，然而越是想將內心的那道牆築高，卻反而怎麼樣都蓋不牢固，那道牆薄得比一張糖果紙還不堪一擊，輕輕一抓就撕爛了。

我放任自己每天都躺在床上淚流不止，除了老公與媽媽以外，我無法見到任何人。

甚至認為，自己再也不會好了。

故事的源頭，
或許能夠從這裡說起……

Part 1

我不相信順其自然

1. 求學之路的一連串意外

有別於一結婚就開始備孕的人，我與寶寶哥在婚後愉快的度過了四、五年的兩人時光。直到婚後的第五年，才覺得似乎是時候可以考慮讓這個家再多一個成員了！我們這才開始進入備孕。

當身邊朋友得知我開始備孕後，許多過來人都告訴我：「順其自然。」可我怎麼每次聽見順其自然這幾個字，心裡就有一把無名火呢？

我從不相信這世上有什麼叫做順其自然的事。

我總是不解，當人們有意識的開始「準備」某件事，那就是在「規畫」了不是嗎？

規畫中的事情又怎麼會有順其自然之說呢？

然而走過這一遭後我已明白，那些告訴我要順其自然的人，才都是真正理解了人生的人。而我，現在才懂得緩下腳步，也回頭思考過去的自己究竟是為什麼這麼不相信順其自然？

一連串意外，從華岡藝校開始

「什麼！妳是念幼保系的？」

在我出社會以後才認識我的人，在得知我是從幼保系畢業的時候，幾乎都會在第一時間露出一副難以置信的表情。

或許是我向來都不諱言自己一點也不喜歡小孩的緣故吧？也不會對小孩們流露出眼裡有太多善意的慈祥模樣。

在朋友間，我就像個虎姑婆。

聚會裡有人帶著孩子來，我在投以禮貌的微笑後，就會跟孩子保持一定的距離了。

我不會跟著其他人湊上去左一句「好可愛」、右一句「咕嘰咕嘰」的，有眼睛的人都能看出，我真心沒有想聊與孩子有關的任何話題。

會念幼保科系，純粹是一場意外！

國中畢業後，我考上了華岡藝校，不過這實在是個荒謬的錯誤。國中時我是合唱團的成員，時常跟管樂團的同學玩在一起。就在快要畢業時，管樂團自創了一個表演項目，他們將好幾個大垃圾桶蓋在地上，透過鼓棒敲擊出聲響來形成一首曲目。

第一次看見這個表演的我大為驚豔！

怎麼會有這麼震撼又這麼帥氣的表演啊？我也要學！

於是我拜託了管樂團的同學教我。

正當我學會以後才剛愁著沒地方可以讓我表演時，就看到了華岡藝校的招生資訊，上頭寫著每個人都得準備一項才藝應試，於是，我就去報名了。

當時我爸、我媽、我全家，包括我自己，都沒人認為我會考上。畢竟我只是想找個地方表演垃圾桶打擊樂而已，但想不到可怕的事情發生了，我、我竟然考上了！

還記得放榜的時間是在暑假，那年暑假我媽正好規畫著要帶我去新加坡旅遊。因為媽媽的朋友搬到新加坡去了，旅遊時剛好可以住在他們家。「欸媽，放榜那天我們會在新加坡耶，我要是錄取了，隔沒幾天就是學校規定的報到日，到時候我們要怎麼辦啊？」大概是可以免費住在朋友家，省了不少旅費的緣故吧，總之那年暑假我們打算要在新加坡待上好幾週。

「我說寶貝啊，怕什麼！妳又不會錄取。」我媽老神在在，翹著二郎腿在客廳的沙發上吃著西瓜。

「對耶，媽妳講得很有道理，幹嘛擔心這個？」我毫不遲疑的接受了媽媽的說法，一點都沒有發覺媽媽這樣講有哪裡不對。

「就是說啊！別想這麼多，吃片西瓜吧。」媽媽遞上了一片西瓜。

我們母女倆就這樣翹著腳，吹著電風扇，一起躺在家裡的黑色皮沙發上，享受著冰涼的西瓜。那年的夏天好炎熱，記憶裡綠油油的樹木跟瀝青色的柏油路，看上去幾乎就像是要融化為一片了。

我們如期出發了，前往新加坡。

「哇，媽妳看，這裡的社區大樓都好漂亮喔！」到現在我都還記得新加坡那一棟棟色彩繽紛的建築物。

媽媽朋友家的社區有個很大的游泳池，我們會在那裡游泳。那個游泳池由淺至深，最深的地方好像有三公尺深吧，總之我游到一半就會回頭了。
每天我們都會去 shopping mall 裡吹冷氣、吃冰淇淋。
啊，我們還去了聖淘沙搭纜車，那裡有著從世界各國來的旅客。
總之，母女倆過得非常愜意。

某天，突然接到人在台灣的爸爸打來的電話：「寶貝啊！爸爸跟妳說，學校通知妳錄取啦！」
嗯？
「什麼錄取？」我在新加坡早就玩到瘋掉了，誰還記得自己去華岡藝校考過試啊！
「華岡藝校啊！妳錄取了！」爸爸在電話的另一頭大喊。

「蛤？真的嗎？欸、那、那怎麼辦、怎麼辦，欸，怎麼辦啦！」我這才終於搞懂發生了什麼事。

「可是學校說星期一就得報到耶。」爸爸不忘提醒這個最重要的資訊。

電話掛斷後，媽媽一手抓起行李箱，一手將所有衣服跟戰利品都塞進那個顯然不夠大的箱子裡！

「吼！媽，都是妳啦，妳不是說我不會錄取嗎？」一邊整理行李，一邊對於假期突然結束，馬上要回家感到生氣。

「我哪知道今年評審的標準會這麼低！」喲，我媽在這節骨眼上還不忘把責任推到評審那裡去。

於是，我們就這樣搭上最近的一班飛機趕回台灣，草草結束了才玩到一半的旅程。

離家讓我水土不服

開學了。

那是我第一次離開故鄉獨自北上，住進了學校隔壁的宿舍裡。

但我並沒有什麼逃離爸媽管控的喜悅，才第一個晚上，我就好想家。

「寶貝啊！山上冷嗎？今天在學校過得怎麼樣啊？」爸媽每天晚上都會打給我。

「好啦，我很忙啦，回家再說，掰掰！」每通電話我都會用不耐煩的口氣匆匆掛斷，因為只要再多講一句，我就會哭出來。

每個禮拜天晚上，爸媽把我送回到宿舍後，我都會從宿舍鐵門上的投信孔偷看他們，看著他們把車駛離，直到再也看不到車尾燈後再落寞的走回房間裡哭。

我無法適應離家的生活，也無法適應台北同齡學生的早熟，我感到很孤單，很想回家。

爸媽試著讓我搬去他們的朋友家住，看看是否能減緩我想家的情緒，但沒有多大的效果。

過沒多久，我就決定轉學了。（靠這到底什麼荒謬的故事啊？）爸媽雖然一開始不同意，但最終還是拗不過我，只好到學校幫我辦理轉學手續。

媽媽來學校辦手續的那一天，我在學校裡唯一的好朋友，衝到了我媽面前，生氣的對著她說：「阿姨，妳不能總是這樣寵著她吧！難道她以後想要什麼妳都要答應她嗎？」我媽笑而不答。

在很多年以後，我媽才告訴我當年她之所以同意把我從台北接回家的原因。

「要再看看這間學校最後一眼嗎？」媽媽發動車子準備載我離開這裡。

「媽，爸爸有生氣嗎？」我有點擔心。

「爸爸沒有。」

「等我以後長大了，一定會賺很多錢來彌補你們的。」當時大概年紀小吧，才會說出這樣天真的話。

我其實連自己講過這樣的話都不記得了，也是我媽在很多年之後回憶起來告訴我的。

因為是學期間突然轉學，我要就讀的那間學校各科系都已經滿班，能選的不多，最後只好亂選，誤打誤撞踏上了與我性格超違和的幼保之路。

2. 那些我選錯科系的焦慮

我確定自己並不喜歡小孩

在這之前，我只知道自己好像是對小孩無感的那類人，並不曉得遠遠不只是無感而已，走上幼保之路以後才肯定，我根本是對小孩過敏！幼保得學會抱嬰兒、洗嬰兒、哄嬰兒，幫嬰兒穿衣、泡奶，這一切都讓我感到不耐。

大四時，我們都得到幼兒園裡去實習，那對我來說簡直比背唐詩還痛苦。

每天，我都拖著沒有靈魂的軀殼進到幼兒園。早上第一件事，得先幫孩子們裝早餐，還要一邊哄因為不想上學而鬧脾氣的孩子，我時常哄到搞不清楚，現在到底是誰才該為了上學鬧脾氣？明明同樣都是上學，怎麼你們上學是來這裡給人哄，我上學卻是在這裡哄別人！

早餐結束後，我總是兩眼無神的陪著他們上課，就連午餐幫孩子盛飯時，我的眼神也都是死的。吃完午飯，我便拖著腳上無形的沉重枷鎖，帶著一群矮冬瓜們去放屎放尿，再生無可戀的幫他們擦屎擦尿。上完廁所回到教室，我必須火速鋪好睡袋、放催眠曲，想辦法讓他們立馬睡著！午休結束的兒歌響起，他們逐漸清醒後，我又如喪屍般的幫他們裝紅豆湯、綠豆湯那些了無新意的午後點心。

接著，整個下午我都在皮笑肉不笑的陪玩，時不時回頭盯著教室後方牆上的時鐘，在內心不斷對著放學時間進行倒數，等到終於可以將孩子們一一還給他們的父母，我的一天這才解脫了！

在幼兒園的時光裡，除了用行屍走肉四個字形容我，沒別的了。我真的寧可被要求背唐詩三萬首，成為一名唐詩專家，也不願多待在幼兒園裡一時半刻。

我每個禮拜的指望就只有一件事，那就是班上每週兩次、每次一小時的體育課，因為會有校外的體育老師來上課，而當時的體育老師是個超級大帥哥。

高中、大學加起來一共念了六、七年的幼保，成為了我青春期極度焦慮的來源。

我真的很擔心自己出社會後沒有幼保以外的一技之長啊！

畢竟我毫無信心能當好一名開心又稱職的幼兒園老師。

這樣的自我認知，應該也算是作為一根廢柴對國家幼苗的一種負責任吧。

那些不知道未來在哪裡的迷惘

既然這麼不喜歡幼保，為何不轉科系呢？

要考大學的時候，我的確是這麼打算的，只是決定得太晚了，除非再花一年時間重考，否則很可能會沒學校可念，所以最終還是繼續念了幼保。也是出於念幼保系卻很討厭小孩的這股焦慮，讓我從大學起就發了狂的拚命打工，想培養自己擁有其他技能。

當時大學同學普遍是去餐飲店、飲料店打工，或是找跟幼兒相關的工作學習。我則選擇去做房屋仲介、補習班導師助理、寵物美容師、食品業務跟婚禮攝影師，想提早讓自己適應社會。

啊，我中途還創了個業，很幸運的過了十五年，至今公司都還在。

說到去做房屋仲介，那年我才十八歲，遇上了一個很好的老闆，竟然同意我穿拖鞋去上班。想想也不太明白當年的我怎麼會這麼不修邊幅（其實現在的我也沒好到哪去）。

這份工作時常需要騎著車去看房子，那時候我可能還在發育期吧，時常感到很餓（欸不對！我到現在也還是很容易餓）。總之我跟屋主們約看房時，手裡總是拿著一份地瓜，邊啃邊聽屋主們膨風他們的房子多好又多好。

厲害的屋主可以催眠自己對漏水視而不見，還可以把牆上的壁癌說成是一幅美麗的壁畫。我有很多關於膨風的技巧，都是從屋主身上學到的，我真的衷心感謝，畢竟當時會去應徵房屋仲介，也是想提早鍛鍊自己的口條，早點跟社會接軌，畢竟我真的很怕畢了業找不到工作啊！

以前公司裡有位超級業務員蔡大哥，在打開發電話時，第一句都會說：「屋主您好，敝姓蔡，大家都叫我高麗蔡！」總是把屋主逗得呵呵笑，委託單也就一張一張接進來了。

原來開場白這麼重要啊！

因為屋主們通常不喜歡接到房仲的電話，像我就時常被屋主掛電話。於是我後來也有樣學樣，在打開發電話時先說：「屋主您好，敝姓何，大家都叫我便當何！」欸，想不到效果很不錯呢！

當時我雖然只是個工讀生，一天上班三小時，一個月卻也能賺到個幾萬塊，在同學裡頭收入算高的了！

每次回憶起這份工作，心裡都有滿滿的感恩，這段經歷讓我學到了很多對日後很有幫助的事！

唯一遺憾大概就是，每當翻開以前那些房屋照片，無論透過鏡面反光還是真的從鏡子裡翻拍到的自己，照片裡頭的我手上都是拿著地瓜的，沒有一張例外，真是氣死我了！

那四年的苦，仍是值得的

在還不確定未來志向以前，大學離家那四年的回憶，我幾乎只有瘋狂的打工。

會這麼拚命一方面來自不知道自己以後可以幹嘛的焦慮，另方面則是因為當時我跟我爸已經開始創業了。嘿，奇妙吧？時常聽見第二代繼承父業，但跟爸爸一同創業的，應該不算多吧？

那時家裡窮，我和爸爸一起成立了一間生理用品公司，可才沒一下子，就把爸媽僅有的積蓄燒完了。

於是我們從窮，變成了很窮。

當時在我眾多打工中，唯有一份是瞞著爸媽去做的，那就是食品業務員。那是一份給社會人士做的正職工作而不是學生打工，它的上班時間就是日校大學生的上課時段。我選擇了不去學校上課，每天去上班，騎著車子跑業務。

過了一段時間，食品公司的老闆把我叫了過去，說他左思右想還是覺得良心過不去，勸我作為一名學生還是好好回到學校完成學業吧，以後賺錢的機會還很多，就這樣請我離開了。

當時我每週的行程都是這樣安排的：週末去拍攝婚禮攝影，週一到週五的白天到食品公司上班，晚上再到房屋仲介打工，半夜則用來進行週末婚攝的照片修圖，到了週末再繼續去拍婚禮，每週這樣不斷循環。

因為家裡已經沒有錢了，我在外地生活需要支付的房租費、生活費、交通費都讓我有很深的罪惡感。

「如果我可以趕快搬回家，那賺的錢就都能拿來幫助家裡，不用繳給別人了。」我時常這麼想。

我連每天晚上在租屋處洗澡時，都時常感到自己用的熱水是奢侈的，邊洗邊哭是很常見的。

那是個大家都還在用無名小站的時代，我在網誌裡紀錄了很多我的無助與罪惡感。

我寫了些什麼其實已記不得了，但到了後來我媽才跟我說，當年她其實都會去看我的網誌。甚至她到兩年前再次聊起那些網誌時，都還會掉眼淚。

我也曾經兩度想過要休學，因為我真的太想快點出社會賺錢了，想幫忙養家、分擔父母的辛勞，可都被爸爸拒絕了！

他不願幫我簽休學單，只是淡淡的告訴我，雖然我念的不是什麼了不起的大學，但他還是希望我知道什麼是有始有終。

這次他沒有再像從華岡藝校轉學時那樣縱容我了！

大學畢業後的這十幾年來，每每回想起這些往事，我都很感謝當時爸爸阻止了我休學。

那四年的大學時光，雖然我拿了八個學期的最後一名，也很少去學校上課，更因此沒留下什麼要好的大學同窗情誼，但那卻是我人生裡很重要的一段歷程。後來我無論在人生的哪一個階段回頭看，都仍會深深感到那四年苦得太值得了。

人生裡的每個階段都有各自會遇到的折磨，逃避或許很有用，但你總得體驗一次什麼是無法逃開的感覺，久了也就在這份忍耐中長出了勇氣、學會了沉著。靜下心等待雨後的天晴吧，再痛苦的事，終會過去。很久、很久以後我更加明白了那段時光對我的意義。

我相信規畫是成功的必備條件

經過了這一些，我變得害怕人生會再一次因為選擇錯誤而沒有了選擇權，就像選錯科系影響就業一樣，於是，我開始拚命為自己規畫人生。也確實，在一次次的規畫中，我嘗試到很多次的成功。

我雖然因為瘋狂打工而荒廢學業、遊走二一邊緣，但仍成功趕在畢業前夕補完學分如期畢業、成功在大學畢業前存到了人生的第一桶金、成功依照規畫還完助學貸款、成功的按表操課瘦了三十公斤（婚後再成功的胖回去）……

後來的幾年裡，我持續為自己設定幾歲買車、幾歲買房的目標，也都透過規畫一一實現了。

於是，我成為了一個規畫派的人，逐漸不相信順其自然。

我始終相信，任何他人看似勝利組的幸運人生，背後必定都有著別人看不見、挑燈在暗夜裡逐步規畫才得以圓夢的過程。至今我仍不認為這世上有任何一個想達成的目標，會是一句「順其自然」就能達成的。

只是在那之前，我一直不曉得，世界上有那麼一件事，並不是可以設定的「目標」，那就是當媽媽。

3. 規畫狂的新專案

出社會以後，朋友們陸續結了婚、有了孩子。可即使是面對自己好姐妹的孩子，我仍然無法強迫自己眼冒愛心的覺得他們可愛。

有些人天生就喜歡小孩，他們看見孩子時的眼神是騙不了人的。而我的不隱藏也並非惡意，我曾經嘗試著讓自己喜歡小孩，但真的沒有辦法，那是天生的，連我自己都不理解為什麼。

況且我相信，當你不是發自真心稱讚，孩子的父母都會感受到的，與其勉為其難說出假話，對方也得勉為其難的回應，那還不如保持禮貌就好。後來朋友們大概也是習慣了吧，總之想聊與孩子有關的話題，不要找我就是了。

那時我們都還年輕，朋友間有幾個比較早當媽媽的人。當她們聚在一起時，哇賽，那場面超可怕的！

她們會瞬間形成一股極厚的同溫層，把我排擠在外。就像那些當過兵的男生，洞拐洞洞夭兩勾，講著只有他們聽得懂的語言，而且感覺講一輩子都不會膩！

「上次明明就聊過這件事了。」我在心裡偷偷的想。

「欸妳之前說妳是痛多久才生啊？有先破水嗎？」其中一個媽媽問另一個媽媽。

這明明講過一百次了好嗎？怎麼還是可以反覆再講一百次啊？看來，女人生完產就像男生當完兵一樣，那可是一場輝煌、一輩子的勳章！

而且上回聊過的話題，也總是有著永無止盡的後續。

「幼兒園的事有著落了嗎？我聽我朋友說他兒子的候補排上了。」

「也太幸運了吧！我同時去排另一家了，那家也很不錯，如果有名額我再趕快跟妳說。」

原來人真的會隨著年紀改變

二十八歲那年，我嫁給了一個很愛孩子的男人，我都叫他寶寶哥。這世上幾乎沒有他搞不定的孩子，聚會裡出現的那些胡攪蠻纏的孩子，別人不能收服的，他都可以很快將他們納入麾下。

只是這仍然沒有改變我不喜歡小孩、也不想要生小孩的想法。

幸運的是，我們婚後也沒有遇到可怕的催生長輩，不過有可能是我的氣場比長輩們更可怕，總之婚後這六、七年，都沒有人開口問過我何時要生。

寶寶哥也從來沒有主動提過生孩子的事，倒是我偶爾會問他：「你想要有孩子嗎？」

他總是回答：「我都看妳呀！妳想生我們就生，如果妳不想生，身體是妳的，人生也是妳的，我不會勉強妳配合任何人的人生。」好喔，那我也就繼續這樣任性的活著了。

婚後的頭幾年，我們夫妻將重心都放在事業上，全力衝刺事業。

我明明記得在三十歲以前，我一直都還是這個狀態的，可不知從什麼時候開始，這一切悄悄的改變了……

在某些能見到孩子的場合，我竟逐漸覺得孩子可愛了（驚）！

當我意識到自己的轉變，我也非常訝異！

或許，人真的會隨著年紀改變吧？

除了年紀這個因素，我實在想不到其他可能了。

隨著年紀漸長，在人生跟工作的挫折與困難遇得多了，我也逐漸變得比以前更柔軟。以前在高鐵上遇見番比巴的吵鬧小孩，眼見父母也都覺得有趣甚至沒有要制止的意思，我會上前去請他們克制一點。但後來我在高鐵上遇到一樣的情景，會自己換一個座位，並在心裡想，或許他們有外人不知道的原因或困難吧。

以前在餐廳遇到哭鬧或大吼大叫的小孩，我會狠瞪他們。但後來也不太會了，甚至還會想偷聽孩子們在說什麼，聽了覺得有趣，有時甚至還會會心一笑。

曾經以為一輩子都不會有小孩的我，不禁想著：「我原本那麼討厭小孩，現在竟然說變就變了，那如果我選擇不生孩子，未來的我會不會在哪一天也突然後悔了？」

我對不生孩子的事開始有了動搖。

對於未知還是恐懼

「我們生個孩子你覺得怎麼樣？」我試探性的問了寶寶哥，試圖邀請他一起想像，家裡多一個人的畫面。

「我都看妳啊。」他維持了一貫的回答。

當我問到第十次，他的答案還是一樣時，我忍不住發火了：「不准再說都看我，你給我講點別的！」

「哦……那、那好啊，可以啊，嗯，可以！可以！」唉噢，這就是不擅言詞又寡言的寶寶哥。

「但他對我很好，他是我丈夫。」每次生氣時，我就在心裡這樣默念。

雖然有了生孩子的念頭，但規畫派如我，面對生完孩子後的未知生活，還是會感到害怕的。

或許是源自創業的緣故吧，我看待生活的視角總是習慣以「有今天未必有明天」的方式，總是謹慎、小心，又帶著焦慮。加上曾經窮過，我對生活的不安全感一直很重。除了無法輕易將任何事都交給「順其自然」外，我也非常未雨綢繆！

突然想起某次我跟我的同事周周聊到：「我不太能理解愛去賭場賭博的人。」

他倒是想得透澈：「創業本身就是一場大型賭博，妳每天都在賭博了，怎麼可能還會想去賭場賭博？」

啊，原來是這樣！

創業就像是一場大型賭博，我們永遠無法得知每一步做的選擇是否都正確、能讓我們成為贏家。只能盡其所能的在做出每個決定前，都準備好最完整的資料、知識及前輩們的意見，進而選出那個不一定百分百正確、但已屬當下最好的選擇。

所以在開啟任何重要決定前，我還是習慣全盤想得透澈點，讓自己往前想三步、往後想三步，才能比較放心的開始。

於是，規畫狂開啟了一個生孩子的新專案。

想著自己目前還算上軌道的生活，怎麼說也是用了十來年打拚、一一規畫才有的，若是貿然生了個孩子，一定會有許多無法掌控的事。

「絕不能讓這一切變得一團糟。」「我如果可以在最大可能下保有現在的生活模式跟品質，那就更好了。」還真是一股天真的自以為是。

我開始拿出計算機，算算生養一個孩子需要多少花費？還進行了一場田野調查，身邊有了孩子的父母在生活裡有哪些事需要犧牲？大部分夫妻又都是為了哪些事在爭吵？

我異想天開的認為，只要我將功課都做足，也把該存的錢都先存好，事情就能比較順利的發展。

人生沒有意外

我很看不慣一種人，他們總說著自己的生活裡有很多事都是場意外，面對那些意外又總認為自己都是身不由己的，對生活充滿了不甘心，最後開口閉口都在抱怨別人與抱怨人生。可我認為：

大部分的不如意，都只是你讓自己過得越來越沒有選擇權所導致的，只有很少部分可以歸咎於命運。

我不想當那樣的人，這世上除了少數例外，並沒有那麼多的不得已。我認為，每一個選擇都沒有人拿刀架著脖子逼你決定，本來就是自己事前該細細掂量與評估的，縱使不喜歡選擇帶來的結果，也不該埋怨。

到了這個時候，我都還是認為，人生沒有什麼事情叫做意外！就像你選擇不戴保險套的那一刻起，就是對任何風險都做好了心理準備。任何有準備的事情，就不叫意料之外！

在調查好養孩子的花費後，我便開始存錢了。

我先是存下懷孕到生產過程所需的醫療費用跟月子中心的錢。

接著，田野調查讓我知道了大部分新手父母都苦惱於帶孩子的睡眠不足，甚至可能有一方會難以重回職場，於是我也將二十四小時月嫂跟二十四小時保母的費用也一併算好了。

就連孩子未來成長所需的教育費用，也抓了一個大概的數字，並準備以分期付款的概念，在日後的人生裡用持續工作來賺取跟支付。

我就是這樣變態的一個人。

至今我仍覺得事前規畫都是好事，只是當時的我還是沒能明白……

孩子，並不是說來就來的。

4. 一連串的回家作業

從小到大我都很少生病，幾乎沒什麼用過健保卡。

以至我對自己一直有種錯覺：「我身體應該很好吧！」就連我的家人們也都這樣認為。

說也奇怪，講到懷孕，身邊的好朋友們還真有不少那種「一次就中」的人，包括我媽。所以面對懷孕這件事，我竟異常的有自信，以為自己應該也是屬於一次就中的那種類型！

我知道這種想法有夠討人厭的，所以也沒有到處說，單純只是因為我真的幾乎不太生病、也不太怕冷、身體超級勇健，就連健檢報告也總是良好，所以才會對自己有了這樣的錯覺。

當我開啟備孕模式時，我的好姐妹、好同事晴晴也正好懷孕，而且已經來到孕後期，於是她也就成為了我懷孕計畫裡最好的前輩。

我爬遍網路上所有可爬的文章，備孕要吃些什麼？精子跟卵子在什麼時候才會結合？有哪些身體檢查要做？什麼輔助品可以提高受孕效率？當我正愁沒人可以討論時，晴晴就是我的第一道窗口！

我時常半夜不睡覺，瘋狂看文章，看到欲罷不能。

有太多與懷孕有關的故事都好精采，我捨不得睡，更開始幻想自己有天也是孕婦時會是什麼樣子。

那段時間我幾乎廢寢忘食的沉浸在準備當媽媽的世界裡……

科學民俗，全都準備到位

除了科學備孕外，研究民間傳說我也樂在其中，例如：金鏟子。

鏟子音近「產子」，據說很多人會去搶人家真正開工動土過的金鏟子，拿回來放在床底下。我們家就有三支金鏟子，現在都還放在主臥房的床底下，就連打通隧道才會有的貫穿石，我們家也有三顆呢！

我提前吃了葉酸、每天喝滴雞精、洗澡前簡單做個十分鐘的有氧運動。我也下載了經期紀錄App，還買了很多牌子的排卵試紙、溫度計，甚至透過營養師的協助，在那幾個月裡先讓自己瘦了七、八公斤。所有可以做的努力，我都盡可能一次到位！

嘗試過自然懷孕的人，家裡的浴室可能也都出現過一整排排卵試紙的畫面。

哎噢，畢竟也都不是年輕氣盛的年紀了，要維持足夠頻繁的性生活是有一定難度的（哀傷）。

當懷孕成了規畫中的事，在有限的性行為次數中，為了讓每一發都是有效率的，自然就得派排卵試紙出馬啦！

我還聽說有種叫做助孕潤滑劑的東西，有助精子游得更快，是不是真的就不得而知，總之我也買了！

於是開啟了我那每天測排卵試紙、量體溫、再按表做功課、做完功課後再看著日曆天天數日子、好不容易熬到能驗孕的日期進行驗孕、沒有懷孕再重複以上循環的日子。

可想而知，性格這麼心急的我，怎麼可能忍受得了上述循環每個月都來一遍？在嘗試自然受孕的第一個月沒有成功時，我立刻就去了不孕症診所諮詢（簡直不忍回想自己當時的瘋狂）。

不孕症診所的醫生見到我們時的第一句話是：「你們嘗試了多久的自然受孕？」

「一個月。」我忘不了醫生當時驚訝的神情。

醫生婉轉的說：「一般人通常是在嘗試自然受孕的一年後沒有成功，才會找上我們，妳只嘗試了一個月……是不是太急了？」

「不！醫生，我就是不希望一年後若還是沒有受孕，才發現一切都錯在了源頭，白白浪費時間，所以才會來找你的。」我說。

我們先前沒有做過相關健檢，加上已經體會到每天算排卵期的過程是如此漫長與折磨，於是我要求醫生替我安排輸卵管攝影，確定輸卵管沒有阻塞；抽血檢查 AMH 值，確認卵巢狀態；幫我照卵泡，看看卵是否都有乖乖長大。

當然寶寶哥也得做精蟲分析，確定蝌蚪們一切正常！

欸小聲說一下，輸卵管攝影的痛感雖然因人而異，不過對我來說還是算痛的，屬於有必要時得做，但也不會有意願再做第二次的那種。

報告結果出爐了，我的輸卵管暢通、卵巢庫存足夠、寶寶哥精子活動力也都沒問題。

離開不孕症診所時我們與醫師相約，如果三個月後我們仍然沒有受孕成功，那就爭取時間走上試管吧。

是的，我真的很會給自己找麻煩！

我變態的地方除了是做足與懷孕有關的一切功課，就連去醫院都很清楚要檢查什麼項目。

再來是做完所有檢查，報告顯示一切都沒問題時，我又決定只給自己三個月的時間，要是沒有自然受孕成功，就直接做試管。因為我認為那是最有效率的方式，我不想要走在看不見盡頭的時間表裡！（就說是變態了，大家也不要學就是了。）

晴晴生孩子了

前面提到過，我備孕時晴晴也正好懷孕。我與晴晴不僅是生活裡的好朋友，更是工作上的好夥伴，她的整趟孕期都有我的陪伴。

我們常笑說，她的孩子在肚子裡一定時常覺得這個世界好吵，因為我的嗓門很大，每天都在晴晴旁邊用高分貝音量聊天，聊得起勁時，我的大笑聲甚至還能引起辦公桌椅的強烈震動。

晴晴請產假的時候，某天我心血來潮想為自己未來的孩子取小名，問了所有同事：「你們覺得小主人這個名字怎麼樣？」但被所有人打槍了。不怕你笑，我是《瑯琊榜》的死忠劇迷，某次男主角梅長蘇在跟手下對話時，對方叫了他一聲「小主人」，我當下便決定我的孩子就要叫小主人！

「這名字聽起來好驕傲喔。」

「感覺就是個很難帶的孩子。」

「以後長大一定會有公子病或王子病。」

沒想到這名字被同事們嫌得一無是處，我趕緊傳訊息給晴晴取暖。

「晴，大家都不喜歡小主人這個名字，這名字真有這麼糟嗎？」我試圖尋找同溫層。

「不會啊！我覺得小主人這名字很棒。」晴晴是我見過最溫暖的人，就跟她的名字一樣。

「哦？真的嗎？妳不會是在安慰我吧？」突然得到一票，感到好不真實。向來溫和的晴晴，在下一秒突然爆氣：「妳知道我現在正在幹嘛嗎？我現在正躺在待產床上！我痛了十幾個小時，現場一堆人在等他出來，他就是不出來，請問他不是小主人是什麼？」

啊，原來她正在生孩子啊……

好吧，既然所有人都不喜歡小主人，我倒是很擅長山不轉那就讓路轉。我這麼喜歡《瑯琊榜》的梅長蘇，而寶寶哥又姓黃，不如就改取蛋黃酥吧！（到底要多荒謬啦！）

5. 我現在是媽媽了嗎？

第一次驗到兩條線

鮮少有人知道在我做試管之前，是曾經懷過孕的。

就在我們嘗試自然受孕的第三個月，也就是再不成功就要去做試管的第三個月，我在驗孕棒上第一次看見了兩條線！

第一時間我竟然是通知晴晴而不是寶寶哥，想來也是好笑。

晴晴興奮到不行，在聽說這是我的最後一支驗孕棒時，立刻在一小時內把各種牌子的驗孕棒送達我家。

我一次就奢侈的開封了兩、三支，全都出現兩條線後，我又興高采烈的立刻去了趟診所，進行更準確的抽血驗孕（我真的好瘋狂）。

抽血後的數值顯示：我懷孕了！

哇，這一切都來得好不真實！我現在是媽媽了嗎？

「不過血液報告顯示 hCG 指數（絨毛膜促性腺激素）有點低，妳過兩天再來驗一次吧。」醫生這樣說。

那幾天好漫長，平常總是感覺時間快轉得像什麼一樣，怎麼那兩天就過得這麼慢呢？

兩天後，我回到醫院再次抽血，這次的 hCG 指數卻更低了……

當時還有點搞不清楚發生了什麼，事後才知道，原來我遇到了生化妊娠，也就是所謂的自然流產。

也是在備孕後，我才知道原來每一次懷孕都有20%的機率會遇上「自然淘汰」。

一開始我並不相信這個機率有這麼高，平時看別人懷孕不都是很順利的嗎？

「才沒有，不信妳認真去問問身邊的人，一定很多人都遇過，只是沒說出來而已。」朋友這樣跟我說。

我真的去問了，也才知道原來身邊很多人都遇到過，只是大多時候不會特別說出來，所以也就容易讓人以為，多數人懷孕都是順利的。

也的確，像我這一次懷孕除了寶寶哥與晴晴外，沒有讓其他人知道，包括我媽。

為什麼沒說出來呢？還真沒為什麼，就是沒特別說而已。

醫生安慰我：「至少這樣可以證明妳是有自然受孕能力的。」鼓勵我可以再繼續努力。

只是我打開懷孕計畫表看了看，三個月時間到了。不喜歡計畫被打亂的我，仍然決定依照計畫走上試管之路！

當時我甚至覺得，既然不是不孕，那做試管的成功率肯定會更高呀！有何不好？一切都可以走在時程表上，也就不用再過著每天用排卵試紙驗尿、量體溫、按表操課、再每天數饅頭等待驗孕的日子了。

才三個月，我已經對這種每天都在等待的感覺感到不耐煩了。

於是，第四個月，我進入了試管療程！

不怕打針，只怕麻醉

隔次經期的第二天，我與寶寶哥再次來到不孕症診所。

先是照了陰道超音波，確認這個週期的卵泡數有多少，再戰戰兢兢的走進醫生診間，聽取醫師的建議，開啟療程。

診所的一樓是間藝廊，診所裡也珍藏了滿滿的藝術品，以前我很少接觸藝術品的，直到來到這間診所，才開始感受到藝術品所能給人帶來的療癒能量，竟是那樣的神奇。

安靜無聲，卻撫慰著當時急切焦躁的我。

我開始進行用藥了，我似乎比大多數人大膽，不太害怕對著自己的肚皮扎針。不知道是不是我的脂肪太厚，總之不會特別感覺痛。就這樣，我在肚皮上連打了半個月的針！

終於到了取卵的這天。

手術需要全身麻醉，來了一位有著香港口音的麻醉醫師，輕鬆與我閒聊兩句後，我就不省人事了。

說起全身麻醉，那真是一種飄飄然的體驗。

每次睡下去醒來。都會感覺人生好像硬生生的被抽掉了一段時光，但又覺得很舒服，像是睡了一場品質很好的覺，總之我是蠻喜歡全身麻醉的。只是有個困擾，每次麻醉醒過來，我都會在恍惚之間亂講一些話。

取卵手術醒來後，我正在被推往恢復室的路上，耳邊仍聽得見麻醉醫師在與護理師閒聊的聲音。我在恍惚間對著麻醉醫師說：「醫師，中秋節快到了，記得要吃月餅喔！祝你中秋節快樂。」但當時明明距離中秋節還有好一段時間。

我也曾在某次做完腸胃鏡醒來以後，對著睜開眼睛看到的第一位護理師說：「等等下班要不要一起去吃牛排？」

等我完全清醒後，已經忘記剛剛是對著哪位護理師說話，只好隨便向一位護理師確認：「我剛剛是約妳去吃牛排嗎？」對方說不是。「那妳可以幫我問是哪一位護理師嗎？請幫我告訴她，下班以後千萬不用等我，我們沒有真的要去吃牛排！」

又有一次，也是全身麻醉醒來。

我在恍惚之間對著護理師說：「妳這麼瘦，合理嗎？他媽的妳憑什麼吃不胖啊？」天啊……

「妳真的都不記得醒來時說了什麼嗎？」在我清醒後，護理師笑著講給我聽，糗得我恨不得奪門而出。

這次取卵我一共取出了十二顆卵子。

隔天他們告訴我，成功受精的有十顆，五天後還頭好壯壯可以冷凍起來的胚胎，一共是八顆。

為了增加成功率，我將長得好的胚胎也送檢了 PGS（著床前染色體篩檢）。

雖然我不算是取卵數很多的人，但取完卵醒來的當下還是感到下腹疼痛不已，吃了止痛藥也沒用。

最痛苦的大概就屬上廁所了吧，無論是小號還是大號，只要一出力就痛到不行！取卵後的疼痛讓我坐也不是、躺也不是，連睡覺翻身都是一種折磨，這樣的脹痛感大約持續了一週。

那幾天，不愛吃魚的我吃了非常多的鱸魚粥、鱸魚湯、各式鱸魚料理，想像這樣會復原得快一點。

「真的是不要再取卵了耶！」我在心裡默默這樣告訴自己。

取卵過程中，醫師發現我的子宮內有一顆瘜肉，建議我在植入胚胎前先切除，所以我在取卵完後的隔月又再進行了一次瘜肉切除手術，雖說只是個小手術，但從那時開始，我就覺得自己總是頻繁的進出診所跟醫院。

Part 2

乘風破浪的蛋黃酥

1.
二〇二一年的十月

十月底，終於，我植入了第一個胚胎！

植入的兩天後，診所安排了回診抽血，報告顯示，我的白血球指數超標！

醫生說這是免疫反應的一種，這樣的情況有可能會造成胚胎被攻擊，建議我立刻施打類固醇來壓制白血球。

這讓我很慌張、害怕，從小就是健康寶寶的我，別說是很少吃藥打針了，更沒想過有天會被注射類固醇這種……聽說有可怕副作用的東西。

但那也是我第一次感受到母愛是什麼！

原來這就是母愛

在此之前，我常覺得自己也不過就是個年紀比較大的孩子而已，母愛這種東西我從沒真實的在自己體內感受過。

可就在那一天，當想起身邊曾因打類固醇而有過副作用的朋友們，我的身體正不由自主的在發抖著……

「要不要堅持不打？要不要跟醫生商量再等一等？或許白血球會自己降下來啊！」躺在病床上等候去準備藥物、針劑的護理師時，我心裡不斷這樣琢磨著。

但當護理師掀開隔簾走向我時，我衝出口的第一句話竟是：「現在救我的寶寶還來得及嗎？」

「當然來得及呀！」護理師看出了我的緊張，趕緊安撫。

我眼睛一閉，就同意施打了。

啊，原來這就是母愛的感覺呀。

看見針頭就害怕

為了持續監控白血球指數，我每兩天就得回診抽血一次。

現在回想起來，這場噩夢還是像剛醒過來一樣，那一針針扎進皮膚裡的疼痛，這輩子我大概是想忘也忘不了了。

因為白血球指數過高，我不僅一天要吃八顆類固醇，當白血球一直不降下來，也得一直施打類固醇。

好不容易瘦下幾公斤的我，緊張的詢問護理師，聽說類固醇會讓人有月亮臉、水牛肩是真的嗎？

他們說我使用的劑量沒有很高，不用擔心！

就這樣，我在根本還不確定自己到底有沒有成功懷孕的情況下，就已先成為了類固醇富翁。

除了類固醇外，每天還得吞下八顆黃體素、打一針肝素在肚皮、一針黃體油針在屁股，還有其他零散的藥就不說了。

而那個曾經不怕自己扎針、也不怕給別人扎針的我，在頻繁又來來回回被扎進數百支針後，也開始變得看見針頭就會渾身顫慄。

我時常是在打完針以後才發現，怎麼手心裡頭全是汗！

有時因為太緊張，緊握的拳頭已經緊到把指甲都給掐進了肉裡，直到離開診所後才感到手掌心好痛。

植入後沒幾天就進入了十一月。

那是我與寶寶哥最不願回憶起的一段時間，在那段時間裡，我除了憂心自己的身體狀況外，我們的生活也面臨了天翻地覆的改變。

這個十一月，像黑洞般，把我們深深的捲入了無底的黑暗之中……

2. 最難忘記的那一天

我給自己的二〇二一新挑戰

我總是給人一種很活潑的印象，加上嗓門很大，大多數人都覺得我肯定是個外向的人，很容易就能跟陌生人打成一片，就連我自己也曾經這麼覺得。

直到年紀越大，自我探索得越深以後，才發現原來我並不是個外向的人，真實的我既慢熟，又內向。

認識真實的自己並不是件容易的事，我用了許多時間，透過跟自己對話整理出，我從小到大之所以都是團體中最吵鬧、最嘰哩呱啦的人，原來只是一種保護色。

哥哥年紀大我很多，我們足足相差了近十歲，所以成長過程中沒有太多交集，自小我就不算是有手足陪伴著一起長大的。

爸媽的工作又很忙，我幾乎都是自己一個人玩。

長大以後我便很渴望有同伴的感覺，所以容易下意識的討好他人、希望成為大家喜歡的對象，這樣我就能有很多很多的朋友了。

一直以來，我都很擅長扮演團體中小丑的角色，有什麼需要吆喝的、搞笑的，只要有我在，都能恰如其分的達成任務，毫無冷場。

但過了三十歲以後，或許也已經過了那個需要源源不絕的新同伴才能除去孤獨感的年紀，我甚至開始喜歡一個人待著了。

當不再需要透過硬撐的外向來交朋友後，才逐漸發現我原來並沒有那麼擅長找話題、也沒有那麼在乎冷場不冷場。

只是，私下的場合可以這樣隨心，但創業的緣故，偶爾還是必須出席一些商業聚會，我實在很難在那樣的場合感到自在，一旦人多，我就會變得不知所措，也不曉得如何介紹自己、不知道怎麼跟大家熟絡。

就當作是工作上的需要吧，又或者是我派給自己三十歲以後的考題，我在二〇二一年，給自己設下了一個新的挑戰：克服自己的內向。

還記得吧？我是個什麼都要規畫的人，我用來解決自己內向的方法，就是安排自己報名了像是創業家俱樂部的課程，也打算報名台大 EMBA 去接觸更多人。

最難忘記的那一天

台大 EMBA 開放報名時，正巧撞上準備植入胚胎的那段時間，雖然還不確定植入胚胎後的身體狀況，但答應自己的事，還是必須要嘗試一次才行，於是我還是報名了。

隔了一陣子後迎來一個好消息，我收到了EMBA的面試通知！

一週後就是面試的日子，我帶著滿心期待，踏入了傳說中的第一學府。

然而那一天，卻也成為了我此生最難忘記的一天。

一大早寶寶哥載著我，帶著緊張的心情前往台北。

一路上我總覺得尿急，明明出門前才上過廁所的。

手裡緊握著面試可能會被問到的問題，還有英文比較好的同事幫我準備的英文自介，一邊默背、一邊對自己喊話：「可以的啦，不要怕！」

大中午終於結束了面試，我還有點捨不得離開這個人人嚮往的校園，新奇的在學校裡晃了晃，拍了幾張紀念的照片。

我還記得那天的天空是湛藍色的，秋天的風從臉頰拂過，陽光穿過樹葉在地上變成了一粒粒小光點，隨著微風輕輕閃耀著，經過的人們也都面帶笑容的從我身邊走過，剎那間，我像是也回到了學生時期。

巧的是，那天也正好是我的一個好姐妹生日，我先是一個人留在了台北，跟姐妹們相約晚上要一起到一間法式餐廳慶生。

晚上一行人抵達了餐廳，有好久沒見的、有換了工作還沒來得及說的、也有新戀情還沒跟彼此分享的……我們像是知道一個晚上的時間肯定不夠用那般，話題此起彼落，每個人都搶著找空隙插話，耳邊都是歡樂的笑聲，一整個晚上沒停過。

只記得我當時的心情很雀躍，面試完鬆了一口氣的我，本也以為好事總是這樣成雙成對……

卻沒想到在席間突然接到了一通來自家中打來的電話……

寶寶哥告訴我，一個我們很愛的親人，無預警的離開了！

那一瞬間，原先充斥耳邊的所有喧鬧聲都消失了，所有正在舉杯、正在歡慶的人們在我眼中也全都定格了，剛才的歡樂，恍如隔世。

強作鎮定的我趕緊叫了一輛計程車，從台北趕回新竹去。

從那天起，有好長一段時間，我們都在悲傷與烏雲中度過。

確定懷孕

家中傳來噩耗的隔天，我仍必須前往診所抽血。

大多數植入胚胎的人，會在植入後的兩到三週被安排回診放榜，但由於我的白血球出了點狀況，每兩天就得回診抽血一次，所以我在植入後的第七天就提早得知了植入結果。

而第七天，就是這一天。

我照例回診抽完血以後，就先趕回家中與家人們待在一起，一小時後診所的 App 跳出了我的抽血報告通知，報告上的 hCG 指數顯示：「懷孕。」

我默默將手機收進了包包裡，在全家愁雲慘霧的當下，我不敢告訴任何人這個消息。

眼前的劇變對我們來說都已是一道難關，但上天又給了我另一道考驗。

在親人離開的隔兩天，就是我公司的年度大活動「雙11」了，每年雙11我都必須進行一場線上直播。

我握著家人的手，告訴他們，那會是個必須製造喜慶感的直播，氣氛也會是歡天喜地的，請他們不要去看，因為那不代表我真實的心情。

縱使情緒悲傷，更帶著不知道其他親戚看到直播是否能理解我的忐忑，我還是得調整好情緒，表面開心的敲鑼打鼓。

直播當天現場有許多同事，擔心影響士氣，所以我沒有告訴他們家裡發生了什麼事，也沒有告訴大家我已經懷孕了，一切只有我的同事周周知道。

那時我才深刻體會到，〈小丑〉歌詞裡唱的心酸原來是這個樣子的。

好不容易撐到直播結束，那種心裡被掏空的疲累感，到今天都還很深刻。

那段時間，我跟寶寶哥都不敢告訴任何家人我已經確定懷孕了，擔心他們會因為習俗不讓我去殯儀館，那我就不能陪伴親人的這最後一段路了。

然而有些事，沒做，此生就再也沒有機會做了。

那陣子寶寶哥每天都在公司、家裡與殯儀館間往返。

而我，每次前往殯儀館前，晴晴就會將準備好的紅線拿給我，綁在肚子上，說寧可信其有。

那股悲傷的情緒，在我們家裡頭籠罩了好久、好久……即便到了今天，我都不能確定烏雲散去了沒有。

3. 總算有那麼一點好消息了

從得知懷孕的那一刻起，我就開始擔心胚胎有沒有長在對的位置上？會不會子宮外孕？如果等不到心跳怎麼辦？

家裡雖然因為變故被烏雲壟罩，我們一樣得每天打起精神上班、一樣每兩天就要回診抽血一次、一樣要被注射類固醇、一樣要打很多不同的針，一樣要面對那些生活裡的挫折。

上天沒有因為誰受傷了就停下來秀秀，該砸下來的重拳祂還是毫不客氣。

我好不喜歡這個十一月，好漫長，長得像永遠過不去一樣。

孕後的第一個好消息

公司的年度大活動圓滿落幕，大家的努力有了不錯的成果，緊接著又要開始準備週年慶了。

某天晚上，不曉得是不是太累了，我發現自己內褲上出現了五十元硬幣大小的出血。

隔天早上天一亮，焦急的我們立刻回到不孕症診所。

醫生照了照超音波，說還是沒能照到胚胎，要我黃體素跟黃體油針繼續按時吃、按時打，揣著不安的心情，還是只能先回家靜候。

隔天，我們還是感到很不踏實。

我們決定提前去一趟日後固定產檢的 Y 診所。

Y 醫師將超音波探頭一放上我的腹部，欸？

竟然就這樣照到胚胎了！

位置正確，沒有子宮外孕。

天啊！總算盼來一個好消息了。

算一算，這熬著熬著，也熬到了孕期的第六週。

這第一個好消息，也真是我們那陣子最大的安慰了。

那天，也是寶寶哥第一次來到真正的婦產科，進到診間後我見他表情怪怪的，小聲問他怎麼了？

他竟說：「媽呀！老婆，我好想哭。」

我見他眼眶裡瞬間充滿淚水嚇了一大跳，好drama的人……但這大概就是開始感受到當爸爸的感覺了吧？

媽媽們都是從驗到兩條線後就開始當媽媽了，爸爸們的感受可能稍微慢一點。我聽過有的人對於當爸爸的第一次真實感是來自進到婦產科的時候，有的人是看到超音波的時候，有的人是在見到孩子生出來的那一刻，也有人是在孩子開口叫第一聲爸爸的當下。但不管何時，相信都是一份最獨特的記憶，只屬於爸媽與孩子，最難忘的第一次連結。

繼續跟白血球對抗

備孕時，我總是對計算排卵期跟等待驗孕的這種「數饅頭過日子」的感覺感到很不耐煩，但直到懷孕後才知道，令人更不耐煩的事還多著呢！每週都在祈禱日子能過得快一點，快點照到胚胎、快點照到心跳、快點撐到孕中期。

好不容易現在已經照到胚胎了，但白血球指數仍然沒有下降，最後不孕症診所醫生建議我去大醫院找風溼免疫科的 D 醫生。

或許也是因為我功課做得很足，早就知道 D 醫生是誰，所以聽到他的名字我心就涼了一半，我要走上免疫治療之路了嗎？

忐忑不安的到了大醫院。D 醫生查看了我的資料後說：「妳過往沒有多次流產的紀錄，現在就判定會因為免疫攻擊而流產太早了，先回去吧！胚胎要是夠強，自然就能挺過攻擊。」

我就這樣被醫生退貨了。

被退貨的我很是茫然，一方面對於不用治療感到慶幸，卻也因為下一步沒有方向而感到惶恐。

我真的可以不治療嗎？這樣會不會害死孩子？

每天、每天，我都在這些疑問裡睡著跟醒來。

透過回憶這段往事我才發現……當時的我同時乘載了工作上舉辦活動的龐大壓力與失去家人的心傷，還有身體面臨的未知恐懼，卻還要強自壓抑，逼自己表現出從容與冷靜。

也怪不得某天，身體突然的就反撲了……

某天凌晨兩點的夜裡，我赫然發現自己又出血了！

馬桶裡頭全是血，嚇得我馬上吞了一顆止血藥，又打上一針黃體油針動也不敢動的躺回床上，等候天一亮就要衝去診所。

挨著挨著，終於挨到了早上八點半，失魂落魄的衝去不孕症診所照超音波。胚胎還在！只是子宮內出現了一些血塊。

醫生幫我打了止血針，血是止住了，但裡頭的血塊還得等它慢慢排出來。

雲霄飛車般猛烈震盪的心情

又隔了一天，我們還是感到非常不安，再次去到Y診所。

或許是前一天的驚魂還未定吧，我們絲毫沒有預期會有什麼值得開心的事發生，只是想照個超音波安心罷了。

結果沒想到，竟然在這一天，驚喜的照到了蛋黃酥的心跳！

第一次看見螢幕上一閃一閃的心跳，我卻沒有像電視劇上演的那樣，雙手摀著嘴巴、感動的落淚，只是躺在診間床上，呆呆看著牆上的超音波大螢幕。

我不是不開心，只是經過這些日子的劇烈起伏，讓我覺得自己就像是個走在鋼索上的人，不知道什麼時候又會突然墜落。

從植入胚胎開始，先是經歷了白血球飆升、每兩天就得抽一管血再施打一劑類固醇的漫長療程，此時卻幸運收到了 EMBA 的面試通知，一掃心中的陰霾，感到好事成雙，一切都會否極泰來。可才開開心心的面試完卻就接到了親人離世的噩耗……更在隔一天，又得知懷孕了的消息！這該是件期待已久的喜事吧？但在劇烈傷痛中，還無法接受身邊生命驟然離去的我，更是不知道該用什麼心情面對這個新生命。

緊接著扛起巨大壓力舉辦公司活動，好在活動順利，才剛稍稍放下一點擔心與重擔時，又遇到了孕期以來的第一次出血。擔憂沮喪的去了婦產科，沒想到竟然照到期待已久的胚胎！但還來不及開心，又馬上被醫生通知必須走上免疫治療。低落的走進診間，又意外的被免疫科醫生給退貨，讓我們見到了一線光明……然後、然後，然後又出血了。

這次的出血量更多，擔驚受怕的到了醫院，現在又突然說照到心跳了？

整個十一月，我幾乎每天都在大喜大悲中交錯，整整一個月、整整完整的一個月。

無論是工作、家庭還是孕期，我都是一日天堂一日地獄，每天睜開眼睛醒來都感到害怕，不曉得今天上天會把我放在輪盤上的哪裡。

生活裡的哀樂不斷這樣冷冷熱熱的朝我湧過來，還沒消化完上一波，下一波又湧上來。我真的消化不了它們，只有很深、很深的疲累。

我無法好好感受新生命所帶來的感動，心裡想的只有：「希望今天的好運可以維持到後面的每一天。」我已經悲觀到，覺得開心的事情後面緊接的，就是災難了。

就在照到心跳後，EMBA的放榜通知也來了，我落榜了。

看吧，我就說，好消息一來，緊接著就是壞消息了。

不過跟那陣子的每件事比起來，落榜就真的完全是個不怎樣的小事了。

4. 懷孕後我所做的那些功課

建立共同語言

從得知懷孕開始，我的功課就做得更勤了。

飲食得注意哪些事？後續會有哪些檢查要做？新竹地區有哪些婦產科？各個醫生的風格如何？該自然產還是剖腹產？生產過程可能會遇到哪些難關？

我幾乎又是爬遍了網上所有找得到的分享文章，無論是順產的，還是遇到各式各樣難題的，我全都看。

也爬了很多醫生的文章，根本像是要考醫學系那樣。

那陣子我對「媽媽」這個身分又開始有了更深的理解。才幾週時間而已，對肚子裡這個還看不見、摸不著的小東西，我就已經投入了好多、好深的感情。

但凡一切對他好的事情我都願意嘗試，就連從小到大不敢吞藥、死不願意克服的我，為了要吃孕期保健品竟成了吞藥達人。

知道懷孕過程的每一關都很艱難，但自體就是會製造出無限的勇氣。

某次產檢，醫生問我要選擇抽血還是羊膜穿刺？

我毫不猶豫：「羊膜穿刺。」

離開醫院後我才驚覺，我已經把懷孕過程所有會遇到的檢查都做了功課，該決定的事情也做好決定了，而寶寶哥卻還在狀況外。我想那正是因為我們對懷孕的相關知識有很大的資訊量落差，以致我們即使是同時當了父母，但我們的共同語言卻沒有被建立起來。

那天晚上，我在睡前問他：「你願意跟我一起了解懷孕的奧妙嗎？」

「好呀。」他答。

於是我每天晚上都會推薦他一篇我覺得不錯的醫師文章或網上夫妻們分享的孕期故事。

他也很認真把每一篇都當成睡前故事看，看著看著，我們的共同語言逐漸變多了，開始可以討論接下來一關又一關的檢查，他甚至還可以跟我聊什麼是子宮頸環紮、什麼是羊水栓塞。

我們要選擇在醫院生還是診所生、未來月子怎麼坐、後續怎麼安排？我開始感覺枕邊的那個人也正在準備成為自己妻子的隊友了。

懷孕後還是天天驗孕

從自然受孕到走向試管，我大概用掉了上百支排卵試紙、數十支驗孕棒。

而且我驗起孕來都是以一種失心瘋的節奏在驗的！

平均一天驗三次，即便確定懷孕了我還是每天驗，每天看它的顏色（指數）有沒有加深。

這條路大概走過的人都會懂吧。

最剛開始明明什麼都不求，只求能成功著床就好，確定著床後，又開始祈禱它的顏色能夠每天加深。當真如願一天天加深了，又開始煩惱千萬不要子宮外孕，日也盼夜也盼，恨不得買一台超音波機就放在家裡自己照。

好不容易照到胚胎了，確定他長在該長的位置，又想要快點聽見他的心跳。終於，聽見心跳了，又開始擔心會不會哪天突然心跳停止？每次產檢以前都帶著很多擔心跟害怕，除了不斷禱告外，也每天許願他能按週數如期長大。

接著還要擔心初唐會不會過、羊膜穿刺結果是否正常、高層次超音波有沒有問題、妊娠糖尿會不會過關？

想要的越來越多，多到讓人沒有辦法安穩的過日子，每一天都在擔心，孩子會不會有問題。

打針神隊友

植入後仍需要每天打針，打在肚皮上的肝素我還能靠自己，但打在屁股上的黃體油針我就真的打不到了。

上班時我會請同事晴晴幫我打，沒有上班的日子則是請老公幫忙。

晴晴是我懷孕過程裡的神隊友，為了幫我打針，她研究了網上所有可以研究的影片，一次就上手！

至於寶寶哥嘛，大概打了兩個月才上手吧，每一次打針他都很害怕，我也很害怕。他怕到幾乎是用射飛鏢的方式，遠程投射把針射在我的屁股上，不僅痛得要命，屁股還會青一塊、紫一塊的。

晴晴就不同了，她跟我總是完美搭配！

我們倆每天中午時間一到，就會神祕兮兮的躲進公司廁所裡打針。

成年以後連我媽都沒有看過我的屁股，但晴晴可是看我屁股看到都不要看的人了。

某次我與晴晴外出吃飯，發現打針時間又到了，我倆熟練的拿出針具，當場就在人家餐廳桌上「啵啵啵」的折斷玻璃瓶裝的油性黃體，將針頭放進去抽取，再用中指彈一彈針管將裡頭的空氣排出。最後又探頭探腦的鑽進餐廳廁所，出來後連餐廳服務生都對我們投以警戒的眼光，因為我們看起來簡直像極了是在使用非法用藥。

5. 深不見底的迷惘

在這些隊友們的照顧下，總歸還是來到了第七週。

七週聽起來很沒什麼，但我真的太早發現自己懷孕了（第三週），加上過去幾週的水裡來火裡去，所以讓我感到整個孕期都好漫長，似乎已經過了一世紀，卻才來到第七週而已。

我已經開始厭倦這樣的生活了。

厭倦每天要吞二十幾顆藥、要打無數針、每兩天還要暫停工作回診抽血，一再面對降不下來的白血球跟時不時的出血，我已身心俱疲，從原本連打針都不怕的鐵漢變成了每次抵達診所地下室就發抖的小白兔。

第七週，我再次被不孕症診所的醫生告知白血球指數太高，他要我必須再去找一次風溼免疫科的D醫生，並要求他這次一定要讓我進行免疫治療，否則我的出血、寶寶心跳較慢，可能都跟白血球攻擊胚胎有關。

當時的我，總糾結在自己若不積極治療，是不是就會害死蛋黃酥？可也差不多是在此時，每天與針藥相伴的日子，也來到了臨界點。壓垮我的，並不是打針與吃藥，而是那股深不見底的迷惘。

我不禁產生了幾個疑惑：

#1 我真的有免疫問題嗎？

免疫看的不只有白血球，它涵蓋的範圍不小，在我最徬徨時，還到醫學檢驗所做了全套完整的免疫抽血檢查，報告顯示我的白血球指數的確很高，可其他免疫指標都是正常的。

我也透過層層申請，加入了許多免疫媽媽的社團試圖找答案，可像我一樣只有白血球指數過高就走向免疫治療的案例卻很少。

我不禁想，我的情況真有那麼嚴重嗎？

或是，我真的有免疫問題嗎？

同時我還讀了一些醫學文獻，就是想確定：「只有白血球異常，到底需不需要走上免疫治療？」

想起第一次見到D醫生，他將我退貨時說的話：「類固醇妳已經施打過，沒有成效就不用考慮了，而其他藥物也不是完全用來治療白血球的，妳打了有沒有用也不會知道。」

D醫生還問了我一個很實際的問題：「妳有保險給付嗎？」我搖了搖頭。

「那就對了嘛，妳回去吧。」

以我的體重計算，若打 IVIG（人類免疫球蛋白靜脈注射劑）一次自費的就要將近十萬，而且不知道會打幾次。

重點是，它並不完全針對白血球。

是啊，免疫的自費藥物就是這麼貴，有些免疫媽媽打 IVIG 打到生，花了上百萬。

#2 類固醇的副作用開始出現了

就在這時候，我發現類固醇可怕的副作用來了。

某天，我穿上一件過去常穿的長洋裝，照鏡子時卻發現肩膀跟腋下、胸部的位置看起來怪怪的。就因為很常穿，所以很清楚它穿起來的身型，但那天無論怎麼看，都感覺衣服像是變了形似的。

這時我還發現，我的臉也變形了，呈現一種一看就知道不是變胖所致的腫脹，雙下巴處也橫空出現了一大塊脂肪，不用擠就能看見那如雙層巴士般的下巴。

災難還不僅如此，從青春期就不太長痘，向來也蠻自豪皮膚很好的我，整張臉在一夕之間長滿了密密麻麻的痘子，額頭、鼻子、臉頰、下巴，無一處放過。

啊不是說我使用的類固醇劑量很低，不會有副作用的嗎？

但看來這些副作用都還是硬生生的出現了。

更可怕的是，吃類固醇會使人進入一種飢餓無比的狀態！

當時每天天一亮我就會被餓醒，那股飢餓感還真不是開玩笑的，感覺就像是餓了三天沒吃飯，胃酸正在不斷深挖、掏空著我的胃，那是一種極度的餓、非常不舒服。那股強烈的飢餓感在每天早上都會讓我產生一種「若不立刻進食有可能活不過五分鐘」的感覺。

沒有一丁點誇張，那段時間我的胃就像是個無底洞。

長期習慣一天吃兩餐的我，開始要吃到四餐才夠！

在做試管前，我先減去了八公斤，沒想到懷孕才到八週，我這八公斤不僅吃回來了，還倒胖。

看到這裡，覺得我很慘嗎？不，後面還有更慘的。

#3 類固醇真的有用嗎？

查了很多資料後，我開始越來越混亂了。雖然類固醇有機會壓制住白血球，但：

①懷孕本身就會讓白血球升高一些

②使用類固醇也會讓白血球上升

嗯？很矛盾吧！也就是說，使用類固醇有機會讓白血球指數下降，但我的白血球指數一直降不下來，恰好也有可能是因為我使用了類固醇。

我陷入了無論是選擇持續還是暫停，都有機會讓情況好轉，也有可能讓情況惡化的窘境。

我與寶寶哥開始很認真的考慮要不要停藥看看？只是一旦停藥，若白血球不降反升的話，我們都要有心理準備會跟蛋黃酥說再見，這是一個怎麼選都很艱難的決定！

不過就在我們準備再次前往大醫院，要求 D 醫生為我進行免疫治療的前夕，我跟寶寶哥還是做了這個很重要的決定。

我們決定，放棄治療。

妳跟孩子，我永遠選妳

使我們決定放棄治療的關鍵，是寶寶哥先劃破的沉默。

那天我們到不孕症診所做例行抽血追蹤，我從地下室一下車就開始發抖，害怕等一下要扎進我皮膚裡的針、害怕等待報告的心情、害怕聽見醫生再叫我做更多的治療……

總是寡言的寶寶哥在這時開口了：「老婆，我不想要妳這麼害怕，我會和妳一起面對它，我們停藥吧。」我們約定好，停藥可能會有的風險是我們都願意承受的，那當最不好的情況發生時，我們都不要為這個選擇後悔或怨懟。

「那、那這個風險你能承受嗎？」我問他。

他說：「我沒有所謂能不能承受，妳跟孩子，我永遠選妳。」

或許是這幾個月以來，男生在療程中所能做的，真的是太少了。他們只能提供精子，其他的無數檢查，抽血、打針、吃藥、手術、懷孕、治療、孕吐，沒有一項可以代替女生承受。

所以對他來說，我每一次不自覺的發抖、恐懼，在他看來也都是一種因無法替我分擔而產生的痛苦折磨。

他也不想再繼續這樣子了。

最後，我們就在出發進行正式免疫療程的前一天，共同決定了放棄治療。

我也將每天要吃八顆的類固醇，開始以每週減少兩顆的速度慢慢減藥（類固醇藥物不能一次斷掉）。

後來你們猜怎麼了？

我降不下來的白血球指數，在減藥後的隔一週抽血報告中，竟然下降了。

接著持續的減藥，指數也持續的下降，直到最後變回了正常值。

我看著正常的指數，像是它從來不曾飆高過一樣。

可我那因使用類固醇而腫脹的臉、爛掉的皮膚、厚實的雙下巴跟水牛肩，卻都留在了我身上（淚）。

這若不叫慘，什麼才叫慘？

我前面是在瞎忙些什麼呢？還使用了那麼多的類固醇。

但沒關係，擁抱無可救藥的樂觀吧，至少白血球終於下降了呀。

我的心情也感受到懷孕以來，前所未有的輕盈感（即使體重不是）。

我也往很樂觀的方向想，反正現在因為疫情大家都戴著口罩出門，至少我那腫臉、雙下巴、爛皮膚，都有得遮。

真遇到不得已需要拿下口罩的時刻，我都會很熟練的先對著現場所有人說：「因為使用類固醇，我的臉暫時不是以前的樣子，不僅整張臉都是爛痘，雙頰跟下巴也很腫脹。所以我等等脫下口罩後，請各位用寬容的心看待我，千萬不要面露驚慌，因為雖然我很樂觀，但我現在也很脆弱喔。」

想不到效果很不錯呢！所有人都對我很好，在我拿下口罩時，每個人的反應都像我從沒改變過一樣，表現都很自然，可以說是可圈可點。

接著，好日子總算該來了吧？

啊哈，才沒有呢！

白血球的事才剛過，我就刷了門票，進去了孕吐遊樂園。

噢。

6. 歡迎來到吃到飽的孕吐遊樂園

從旋轉木馬到火山歷險

從第八週起，我開始有了害喜反應。

一開始我還只是先玩了旋轉木馬跟咖啡杯，感到稍暈跟想吐而已，甚至因為沒經驗，最初還搞不清楚原來這就是害喜！後來終於搞懂，這個感覺就是人家說的孕吐感啊？

每天下了班回到家，我就如同洩了氣的皮球般癱在沙發上，做什麼事都提不起勁（是說以前在家也不曾做過什麼事就是了）。

逐漸的，情況越來越嚴重了，我開始感覺自己像是玩起了海盜船，不舒服到躺也不是、坐也不是。

我甚至有過整整一個禮拜都無法進公司，每天只能躺在床上哀北靠母，但又說不出是哪裡不舒服。

是胃嗎？還是食道？喉嚨？舌頭？

從沒有過這種感覺，連要形容都形容不出口。更惱人的是，這不舒服的感覺，還每週都不一樣呢！

這週可能是從胃裡傳來的翻攪、隔週變成了胃食道逆流、再隔週又變成食物全卡在喉頭，感覺隨時準備傾巢而出……

有好幾個夜晚，我都是睡到被強烈嘔吐感驚醒的，還以為自己玩了火山歷險！

驚醒後的我就無法再入睡了，躺著會更想吐，所以我會如幽魂一般在家裡頭走來走去，因為我已經不舒服到手足無措，只能一直垂頭喪氣的行走。

那段時間我也無心整理自己的儀容，通常都是披頭散髮的，有好幾次寶寶哥起床尿尿，看到我在只有微弱燈光的走廊上飄移，差點嚇得屎尿都挫出來。

連拉屎都不痛快

很多人說害喜會食慾不好沒胃口，可我不一樣！

我餓的時候會想吐、吃飽了也會想吐，唯有在進食中不會想吐，媽的我這就天生要胖的命啊（氣）！

開始害喜以後，腦袋變得很難專注思考，我的工作進度也跟著落後很多，那時我時常感到沮喪。

甚至在最不舒服時，我還曾想過要毆打自己。

啊對，我有天晚上就真的試圖毆打了自己，想用毆打自己的痛試著掩蓋孕吐的不適感！怎麼樣？很天真吧！

結果毆打到一半就聽見了寶寶哥已經很久沒對我說的那句經典台詞：

「老婆，妳真的不要這樣。」

可是我真的很痛苦嘛！雖然我的害喜不是那種真的會吐出來的，但請相信我，一樣沒有比較好過！

從這時候開始，我也體驗到了什麼是孕婦們常說的「狗鼻子」。

我的嗅覺變得非常敏銳，平時在空氣裡他人聞不到的小味道我都能聞得到！就像是這世上的所有氣味都比原先的再濃上了一百倍那樣。

不過這點倒是沒給我帶來太多生活上的麻煩，我聽過有些比較困擾的孕婦，在聞到原先慣用的洗髮精、沐浴乳味道時，會因為氣味太濃烈而想吐，或是聞到放大了一百倍的炒菜油煙味就吐出來了。

這些反應我是都沒有，變成狗鼻子後對我唯一的困擾，大概就只有拉屎而已了！

你想想看，任何味道的濃度都變成了原先的一百倍，那屎味……放大了一百倍以後會是怎麼樣的呢？

我這人嘛，向來都是很享受拉屎的，但自從擁有狗鼻子以後，每次拉屎變得都只能先深吸一口氣憋著，衝進廁所速拉、速沖，再速速出來。

那時候拉屎都拉得好不痛快！

7. 產檢的各種喜怒

遇上爽朗的醫生

這個時期，也是我跟寶寶哥積極物色生產醫院的時期。

我們的打算是，產檢在診所，生產就到醫院。

我第一間去的大型醫院是D醫院，看的是T醫師。我一位三寶媽的好姐妹凡凡當年都是給T醫師接生的，她向我力薦，而我在網上也看見許多有關T醫師的好評。

第一次掛號完，我就在候診區裡跟凡凡傳起了訊息。

「他很愛罵孕婦喔！」凡凡特地貼心提醒。

「他會罵我什麼呢？」我迫不及待的想見識見識。

「我也不知道，他什麼都能罵耶，哈哈哈哈哈哈！」透過手機螢幕，我似乎都能聽到凡凡的笑聲了。

「不過他人很好啦，非常關心孕產婦，他是苦口婆心，妳要聽進去。」凡凡最終還是給了我一顆定心丸。

為了給T醫師掛保證，她甚至不惜說出：「他技術真的很好，妳相信我，畢竟我下面被他挖過了三次。」噯，一定要尺度這麼大嗎？

進到診間後，我發現T醫生整個人非常爽朗，他先跟旁邊的護理師了解昨日夜裡被送到急診的病人，接著對於夜裡醫院一直有搞不清楚狀況的同事打給他，罵了好幾聲髒話。

當下坐在診間裡，我心裡想的是：「媽呀，好喜歡這個醫生的風格喔。」

後來他也不負我望，在了解我的整個孕程後，先是問了我：「妳去找免疫科的D醫生時，他有說什麼嗎？」

在得知我並沒有被輕易用藥還被退貨以後，他說：「很好啊！這樣做才是對的。」

T醫師見我們有些疑惑，繼續說：「我可以理解妳會被要求打類固醇跟肝素，但實際上妳的指數未必需要打到那些。」講完以後，他又再順便多罵了好幾句我之前被過度醫療的事。

走出診間後，我跟寶寶哥互看了一眼，我很確定，我們都很喜歡這個醫生！

在懷孕過程裡，因為我的身體狀況時好時壞，諮詢過很多醫生，大多總是得到相對保守的回答，這樣直白的還是比較少見。

第二次回診T醫師時，我已經是孕肚遊樂園裡的一員了。

我在候診區暈到只能趴在寶寶哥身上，而且當時我還有在服用少量類固醇，一大早的診，我肚子餓得昏天暗地的。寶寶哥去便利商店買了一整盒蘇打餅乾給我，我才吃一片就反胃，只能繼續癱軟在椅子上。

過沒一會兒，我覺得胃就快被澈底挖空了，必須強迫自己再吃下一片餅乾才行，轉頭卻發現整個餅乾盒都是空的，而寶寶哥正在吃著最後一片。他不僅把餅乾吃得精光，連嘴巴都沒擦，滿臉的餅乾屑，我看得一股惱火竄上來，但也沒力氣說什麼了。

想想結婚這些年，向來都是我將他吃不完的東西掃光，但懷孕後我胃口太差，已經浪費了很多食物，那段時間他為了將我吃不完的東西都吃完，也胖了好幾公斤，我也就不好發什麼脾氣了。

會講話的體重計

說到產檢，有件事一直讓我非常納悶。

那就是，為什麼孕婦都得在大庭廣眾之下量體重啊？（我去過的產檢診所與醫院，剛好都是如此。）

過去這些年，我一直將我婚後一去不復返的體重數字隱瞞得很好，向來是不讓寶寶哥知道真實數字的。

然而，就在我第一次到Y診所產檢時，掛號完護理師叫我去量體重。

「哦，好的，請問體重計在哪裡？」我還以為是要走去哪個小房間裡量。

「就在那啊！」護理師指向距離我不過一公尺的左方，就有一台大型的身高體重計。

我心想：「就這裡？旁邊坐滿了候診的夫妻耶！」

雖然難為情，但我還是乖乖站上去了。

「體重多少？」量完以後，護理師這麼問我。

什麼！我還得羞恥的自己唸出來呀？

報完體重後，我馬上轉頭急著跟寶寶哥解釋：「欸我告訴你，其實呢，我之前的體重沒有這麼重的！你知道的，懷孕嘛，懷孕都會胖的啊！」

「可、可是，妳才懷孕沒幾週欸！一般人不是都到了後期體重才會飆升嗎？」寶寶哥不解。

「哦，我是倒吃甘蔗那一型的！一般人都胖後面，我剛好是胖前面的。」我真的很焦急。

後來轉到D醫院產檢，雖然是第一次去那裡，但我已經很熟練的知道掛完號就要量體重了。

「請問體重計在哪裡？」反正寶寶哥已經知道我真實的體重，在哪量我都不怕了！

「體重計在這邊喔。」護理師貼心的指引我。

啊，是一台比前一間診所還要新穎的體重計，電子式的，上頭有個顯示身高、體重數字的大面板。

稍微不那麼理想的地方只有……那個面板就正對著旁邊近百個候診區的

座位，也就是說，等等我的體重會赤裸裸的呈現在這近百個人的面前。

「沒關係！沒關係！反正大家都在滑手機，沒有人會注意我的。」我深吸一口氣，在內心這樣對自己說。

於是我站了上去。

「身高，一百六十三公分，體重，xx.xx 公斤。」

「身高，一百六十三公分，體重，xx.xx 公斤。」

「身高，一百六十三公分，體重，xx.xx 公斤。」

嗯？

啊靠北啊！這台體重計會自己語音報數啦！媽的，你說羞不羞辱人！

進階到笑傲飛鷹了

在孕吐遊樂園裡，我後來還玩了大怒神跟笑傲飛鷹！

人家說喝氣泡水有用我就喝，但兩週後就無效了；人家說吃 wakamoto 可以解決不適，我也吃了，無效；反正大家說吃什麼有效，我就都試試看！

醫生開了止吐藥給我，我吃了也沒什麼用，最後發現既然不管吃什麼都會想吐，那就想吃什麼就吃什麼吧。

那還真是個又開心又哀傷的一段時期呢……

每當我吃完我超想吃的東西，像是麻辣臭豆腐，寶寶哥都會問我開心嗎？我總是一邊擦嘴巴、一邊回：「超開心的啦！我要去準備孕吐囉。」然後哭笑不得的走開。

但不管怎麼說，十二週就滿三個月了，傳說裡是這麼說的：「三個月後胚胎不只穩定很多，許多人也都是吐到三個月就結束了，從此撥雲見日、前途似錦。」

我對這個傳說深信不疑，那也是我唯一的指望。

自從蛋黃酥有了心跳後，我真的恨不得買一台超音波機，放在家裡沒事就照一下，但查了超音波機的價格後，就沒也再提過此事了。

不過山不轉路轉，我從寶妮那借來了一台她懷孕時用的胎心音機，想說沒事可以在家量一量。

眼看就快十二週了，這一切就要過去了！

我買好鞭炮，從農民曆裡挑了一個吉日，打算就選那一天向親朋友好們報喜，分享這個喜悅。

這時我也收到了寶妮寄來給我的胎心音機，正打算晚上來拆箱它，好好玩一玩……怎知，就在這天，就在將滿十二週的前夕，上班上到一半，我突然感到一股暖流從內褲裡湧了出來……

8.
第一次進急診室

原來電視裡演的都是真的

我低頭一看，雙腿內側已流滿了鮮血，不過幾秒鐘，血已經流得滿地都是。就在即將要公布自己懷孕的前兩天，我戲劇性的瀑布式出血了。以前在電視劇裡看到那些動了胎氣的孕婦，雙腿內側馬上流滿鮮血，我都覺得好誇張，最好是流血會流得這麼快啦，沒想到，那竟然是真的。

這天，我在公司裡煮雞湯、蒸油飯，吃得正開心。突然間，我感到有股暖流衝到了內褲上。

「大概是漏尿或者分泌物吧？」我心想。

女生都有過這種暖流感吧？

應該沒什麼事，我起身緩步往廁所走去。

但就在我走向廁所的路上，也才沒幾步路而已，又感到了一批一批的暖流持續湧出。

欸不對！

那是只有月經來時才會有的湧出量了！

當下也顧不得這麼多，即使還沒走到廁所，我急得在原地掀起裙子查看。

不看還好，一看讓我大驚失色，沒想到我的雙腿內側已經往下流滿鮮血，甚至滴得滿地都是了……

我驚慌的衝進廁所，發現血沒有要停止的跡象，我的內褲、馬桶蓋上、馬桶裡，滿滿都是血。

我一生中大概也不曾親眼見過這麼多血吧。

墊上衛生棉後走出廁所，我壓著顫抖的聲音跟身體，告訴晴晴發生了什麼事。

她一聽也很慌張：「快！妳現在快點去醫院！」

「可、可是，我剛剛從廁所沿路走過來，滿地都是血……還、還有那個馬桶……」

「好了，那些我來處理！妳現在立刻、立刻去醫院！」晴晴沒等我說完，就馬上衝到座位查看距離最近的急診資訊。

寶寶哥飛車帶我去了急診，當天就被醫生留下住院了。

在急診室照了超音波，蛋黃酥的心跳還在，活動力也很好！
只是不確定是什麼原因造成的出血，還是得先臥床休息，也吊上點滴、注射止血針。
當時因為懷孕，我還沒來得及打第二劑疫苗，若要住院必須先等候 PCR 的結果，折騰了好幾小時才進到病房。
一天後血雖然止住了，但醫生建議還是要持續住院觀察。

精采的健保三人房

第一天入院時，我排到的是三人健保房。
入院當晚，我們是第一個先住進這間房裡的人，直到凌晨，隔壁才來了位剛生產完的媽媽。
她是個剛生完第四胎的媽媽，一進病房就非常熟練的交代護理師她餵奶的規矩是什麼，她更是一位不打無痛的勇者！

隔沒多久她的媽媽也趕來了，在她跟媽媽分享自己的生產過程時，我也隔著簾子在一旁偷聽。

她說生到四胎了很有經驗，晚上一有產兆就跑了兩次醫院，但都被退貨，直到凌晨再來才被收下。

麻醉醫師過來打無痛時，反覆試了好幾次都沒成功，但她開指開到感覺孩子都已經快出來了，認為現在打無痛也沒太大效果，還要一直忍受打針失敗的痛，於是果斷說了句：「不用打了！」就讓孩子衝出來了！幹，真勇者！

我隔著簾子差點就站起來鼓掌了。

隔了一天，第三床又來了個剛生產完的媽媽。

根據我偷聽的結果，她是個首胎媽媽、自然產、四度撕裂傷。有一位很愛講髒話的丈夫，跟一個很會情緒勒索的婆婆。

一進房間，她老公先是打給自己的麻吉報平安。

「幹你娘，你知道我老婆差點死掉嗎？」

「孩子生到一半才知道臉部朝上，只好硬生欸！前面都沒人發現，媽的勒，最後她還四度撕裂傷欸，幹你娘！」

「你知道她傷口縫多久嗎？幹你娘我沒騙你，我老婆真的差點死掉。」

「我他媽某某某今天當場落淚哭出來你知道嗎？操你媽幹你娘！」

他就這樣一連串的問候別人媽媽，真是精采，當下我也差點要為這名爸爸的真性情起身鼓掌！

但這還不夠精采，更精采的來了。

隔天，這位幹你娘爸爸應該是去上班了，來換班的是幹你娘爸爸的媽媽，也就是產婦的婆婆。

這個婆婆講話有個習慣，就是每每碎唸到一個段落，就會補一句：「媽媽尊重妳的決定啦，妳再考慮看看蛤。」但才不到五分鐘又急著問：「啊妳考慮好了嗎？」

欸煩死。

婆婆整個上午都在不斷情勒。

「以前我們的婆婆才不管我們死活勒，不像妳現在這麼幸福。」強調自己以前坐月子吃過的苦，她是絕對不會再讓媳婦吃的。

嗯，聽起來有點感人。

只是她嘴上說：「妳回家坐月子吼，所有吃喝費用都由媽媽來支付啊！」

又一直對著正在吃月子餐的媳婦碎唸……

「這干貝很貴要吃完耶！」

「啊那個雞腿也要吃完啦這很貴餒，要幾千塊耶！」

「還有這個、這個也要吃完，這膠質很多啦，比外面賣的好一百倍。」

我在旁邊聽了都覺得好辛苦，是我寧可月子中心自己出錢也要圖個安靜，放過產婦吧。

婆婆繼續力勸媳婦不要去住月子中心，回家坐月子還有她二十四小時幫忙顧著小孩。

「媳婦，妳要聰明一點！月子中心××萬的費用也是很貴耶，妳老公要賺多久啊……」

欸聽到這我實在有點火冒三丈！看來媳婦就是聰明才會選月子中心的吧？

我從一大早就在聽婆婆說服媳婦不要去住月子中心，終於，月子中心的話題結束了，時間也已從早上磨到了下午（好累）。

想不到下午的話題更氣人。

我聽見婆婆說：「啊我跟妳講的妳考慮得怎麼樣了？」「媽媽真的很可憐餒，都過敏到這樣了……」「我也不是說要妳把小狗丟掉啊對不對，只是送去給附近鄰居養，妳想摸再去摸兩下，還是看得到牠啊，不然媽媽真的很可憐餒。」

原來是媳婦有養一隻狗。

「媽媽尊重妳啦，妳再考慮看看蛤。」

過了五分鐘。

「啊妳考慮得怎麼樣了？」

媳婦從早上開始，就是全程靜默的聽婆婆講，幾乎不回嘴。

但我實在有夠想直接掀開簾子衝進去幫她回應婆婆：「養寵物如果會過敏，我也支持送走！來，看誰過敏我們就送誰走！請問現在是哪一位過敏？請舉手。」

從早碎唸到晚，即使聽得出婆婆很多想法都是好意，但這樣的疲勞轟炸也太累人了吧。媳婦生完孩子就讓她好好安靜休息！不要沉浸在自己的好意中無法自拔好嗎？

可惜有趣的健保三人房住到第四天，我的公司就要舉辦尾牙了，當天我一定得到場，只好要求醫生讓我提早出院，離開這個充滿故事的地方。

在這以前，我還是有點不知天高地厚的。

雖然住進了醫院，可想著似乎也是有不少孕婦在懷孕初期都有過出血的狀況，雖然面對又要進出醫院、又得扎針，內心是崩潰的，但還是覺得這次應該只是個一次性的特殊情況吧。

9. 再度進了急診

出院不到五天又進了醫院

出院隔天就是公司的尾牙，每年我都很期待公司尾牙，這次我原本還想自己主持呢！但我太容易人來瘋了，被知道我懷孕的同事周周給制止了，最後就由他代替我上台主持。

這一晚我過得非常開心，所有好朋友都來了。Eric 得知我懷孕，特地燉了一鍋的花膠從台北趕過來，說是怎麼樣都得讓我喝上一碗。

尾牙後的續攤我也是滿場跑，當時的我還不知道自己真正的大難即將來臨，還對剛出院的身體狀況很有自信……

就在出院後的第五天，一模一樣的事情竟又發生了！

尾牙後才隔沒幾天，我躺在家裡的沙發上，吃完午餐正想走進房間裡午睡一下。

才一起身，就又感到一股熟悉的暖流感！

「慘了！」

我趕緊衝進浴室，看著流滿鮮血的雙腿，知道這一切又要重來一遍了。顫抖著換上新的內褲、墊上衛生棉……寶寶哥載著我，內心無助的再次往醫院狂奔。

經歷急診一連串的折騰，我又入院了。

第二次進急診

從植入胚胎開始，無論是第一次注射類固醇時的害怕、一路尋找免疫答案時的慌張，還是做下放棄治療的艱難決定。再到面對因類固醇而改變的外型、第一次瀑布式出血時的恐懼、孕吐遊樂園二十四小時放送的頭暈目眩、夜不能眠……我都沒有真的掉下過一滴眼淚。

我每週照常錄的podcast，也都做到了一切如常，沒讓任何人聽出我正在經歷什麼樣的水深火熱。

但就在這第二次進急診，躺在急診的病床上，我抓著病床旁的手把，終於忍不住了，哭到不能自已。我不敢睜開眼睛，不敢看見急診室的天花板，這三個多月來的折磨就快把我逼到懸崖邊了。

不過不曉得是不是每一個懷過孕的媽媽都有過一樣的感覺，就是懷孕時的直覺非常準確！

當下雖然感到很害怕，可其實無論第一次還是第二次急診入院，情況看起來即便很危急，在我內心最深處始終還是有一種「他沒事，他還好好的」感覺。

那是種很奇妙的，來自媽媽的第六感。

醫生幫我照了超音波，蛋黃酥果然還是好好的在那裡。

心跳、活動力都一樣正常，只有我哭到非常疲累。

這一次入院醫生找到出血點了，貌似是胎盤邊緣有一些些剝離導致出血。

治療的方法一樣只能臥床打止血針，靜待觀察。

只要有打止血針，都還蠻快能夠止住血的，經過休息與每八小時一次、一天三管的止血針伺候，就沒有再流出新的鮮血。

只是子宮裡有面積不小的舊血與血塊，得等待慢慢排出。

而後面的日子，我也就這樣一直待在醫院裡頭了。

病房觀察家再度上線

既然都住院了，在醫院裡又這麼無聊，能做的事也不多，我又擔任起了病房觀察家。

這次住院，我被安排在雙人病房。

隔壁床是一名首胎媽媽，講話輕聲細語，是個很有禮貌的鄰居，感覺得出來非常怕吵到隔壁床的我。

她的月子餐每天會定時送到病房來，哇賽！香到我每天早上都被香味餓醒，但當時的我還是一樣吃什麼就想吐，一邊聞著很香的月子餐、一邊在心裡想著：「哼，等我生完就可以吃了！」

他們是對很有禮貌也很有修養的夫妻，講話都把音量壓得很低。

我很想主動告訴他們講話可以大聲一點，因為我不僅不怕吵，還很無聊，正愁沒人陪我聊天呢！

白天寶寶哥必須去上班，我幾乎都是一個人在病房裡無聊得發慌。

終於在某天我受不了了，隔著簾子呼叫起隔壁床鄰居。

「那個……隔壁床馬麻？哈囉，隔壁床馬麻？」畢竟我也不知道隔壁床馬麻叫什麼名字。

「嗯？哈囉哈囉～」隔壁床馬麻回應了，太好了！

其實我只是想找個人聊天，所以就這樣隔著簾子天南地北聊起來了。

我問她是找哪一位醫師接生？生產時痛嗎？她何時出院呀？聽著這些經驗分享，讓我心情好過很多。

那段時間我也常上網查一些住院的文章，正好看到很多人都說，非常討厭住在多人病房，因為大多時候隔壁床都會很吵，尤其是夜裡的打鼾聲！我一邊看一邊想：「那我還真幸運，我隔壁床的就很安靜。」

怎知當晚，寶寶哥可能是太累了吧，一睡著竟打起了轟天大雷！

哇靠，我們成為了最讓人討厭的那種隔壁鄰居了。

接著我也開始擔心自己睡著後會不會跟著老公一起合奏，這樣他們真的就不用睡了耶！導致那幾天我也都睡得很不好。

隔沒幾天，隔壁床鄰居要出院了，離開前她隔著簾子對我說：「隔壁床馬麻，再見囉！祝妳一切順利。」

一直到她出院，我們都沒正面見過彼此。但我真心感謝她的陪伴，希望這位馬麻現在也正開心、滿足的享受著育兒生活。

隔壁床馬麻出院後，我也排到了單人病房，電視終於可以開聲音了。

哎，只是搬到了單人房後就沒之前那些隔壁床的精采故事可聽了，健保房其實有趣很多呢。

住在單人病房的那段時間，我發現衛視電影台有夠喜歡周星馳，我在那陣子看了《上海灘賭聖》《逃學威龍》《武狀元蘇乞兒》《威龍闖天關》《濟公》……一大堆的周星馳。

除了無止盡的看電視外，單人房不再擔心會吵到別人，我也就索性把辦公室搬到了病房裡，開啟遠端工作模式，將公司會議都改到線上進行，還可以放心的在病房裡大講電話。

那段時間我也很常騷擾我的同事。

「你們想我嗎？」

「承認吧！沒有我在的辦公室是不是很安靜呀？」

「來！說出口，說你想我！」

我也逐漸接受了自己必須一直住在醫院裡的事實，甚至默默開始做起心理準備，如果整個孕期都那麼不順利，必須一路住到生，那我就跟它拚了吧！

那像夢一般的存款跟保險

還記得小時候，媽媽在郵局給我開了一個戶頭，說是要把我們過年拿到的壓歲錢都存起來。

可長大後我發現，郵局裡根本就沒有半毛錢。

「以前妳小哥哥生病時，家裡需要用到很多錢，所以只好都先拿去治病了。」媽媽這樣解釋。

我有兩個哥哥，小哥哥在十四歲那年被診斷出了腦瘤，那年我才六歲。

哥哥經歷了兩次大手術，最後還是離世了。

我的媽媽，是我在這世上見過的最堅強的女性，沒有之一。

郵局存簿裡沒有半毛存款我是能理解的，但我明明也記得媽媽以前曾說過，她幫我保了不少保險的，只是我一直都很健康，幾乎沒有生過病，可說是被保險人裡幾乎沒有出險過的一群。

直到這次住院，醫療費用算一算還真不是一般人能負擔的，但我心想：「不怕！我不是有一堆保險嗎？」，養兵千日，用在一時！

殊不知當我回頭去問了媽媽，媽媽竟不認帳：「哎喲哦～冤枉哦！我什麼時候說過我有幫妳保很多保險了啊？本來就沒有好不好！」哈哈哈，最喜歡媽媽這個樣子了。

然而現在看來，我大概會有長期住院的可能，單人病房一天的費用不便宜，住一個月下來就要十來萬，如果一路住到生……那還真是想都不敢想。

看吧！我一個如此不相信順其自然、這麼講求規畫的人，足足規畫了兩年、也存了兩年的錢才讓自己懷孕，但我偏偏就沒規畫到這麼長時間住院所需的錢！

或許我就是太鐵齒了，上天總會用各種方式來教會我們：人生並不是凡事都規畫得來的。

10. 那些我久居病房的日子

十四週，公布懷孕

懷孕超過三個月了，大概也是時候向大家分享了吧。

雖然我還住在醫院裡、雖然一切都還不是那麼明朗，但我們仍決定要向大家分享這個喜悅。畢竟，無論後面的故事如何，蛋黃酥都已經真真實實的來過我們的生命裡了。

我在自己的社群上放上了一張超音波照片，告訴大家，我已經懷孕超過三個月囉！

動態一發出去，手機裡蹦出來的親友訊息震得我滿手發燙，就連新聞網也很快的轉發了。

我在粉專裡也收到了數千則的留言恭喜，裡頭有很多網友甚至都是這近十年來看著我成長的。

公布懷孕的隔天，我的信箱更是驚喜的收到來自四面八方、數不勝數的母嬰品牌來信。有保健食品、妊娠霜、孕婦抱枕、奶瓶、推車等，當中不乏極具知名度的品牌，有好多東西甚至是我自己的口袋名單，正準備之後要買的。而這些品牌方大都沒有要求條件，表示僅是想要送上這些東西作為對我懷孕的祝福。

我感恩的對著晴晴說：「蛋黃酥真好，他得到了好多、好多人的祝福。」一箱又一箱的孕婦、寶寶用品，就這樣陸續被送到了我家。

病房觀察家轉向觀察自己家

我讓寶寶哥火速去購買一台攝影機，還必須是可以對話的那種。放在家裡讓我可以觀察貓的一舉一動，因為我實在是太想牠們了！

後來我發現，那台攝影機不只可以用來觀察貓，甚至還可以觀察我媽呢！我媽幾乎每天都會到我家幫我打掃，她一開始並不知道家裡多了一台攝影機。

我決定要來嚇嚇她。

某天，我趁她在吸地板的時候用攝影機的麥克風發出了一聲：「媽～」螢幕裡的她停下了手邊工作，左看右看，感覺是認為是自己聽錯了，於是又打開吸塵器繼續吸地板。

接著我又發出了一聲：「媽～」

這次她是真的嚇到了，驚恐的左顧右盼，但還是沒能找到聲音來源，只見她摸了摸胸前，很明顯是在安撫嚇破膽的自己，接著又繼續認命的吸起了地板。

「媽～」我又發出了一聲！

這次她整個人跳了起來，那簡直已經不是驚恐二字可以形容的了，她很肯定自己撞鬼了。

我這時候才決定放過她：「好啦媽，我在這啦！這裡有一個攝影機。」

我媽循聲找到了聲音來源，看到鏡頭我見她鬆了一口氣！但等她下一秒回過神來，馬上崩潰的亂噴一通：「啊靠北啊！拎祖媽以為哪來的女鬼一直叫我媽媽啊！」

哈哈哈，最喜歡媽媽這個樣子了。

讓心沉澱的藝術與花藝

慢慢的，我開始把病房當作我在外面租的小套房，並布置起裡頭的傢俱擺設。

我把沙發跟桌椅移到了比較合理的位置，寶寶哥也從家裡搬了越來越多生活用品過來，有愛康涼感衛生棉、愛康涼感潔淨溼紙巾、加厚型的衛生紙、我的枕頭、抱枕、睡衣等。

剛住院時，正值小手毬開花的季節，那是我最喜歡的花，寶妮也給我送來了一大束比半個人還高的小手毬，讓我放在病房裡。

護理師們進來時還會問我：「哇，這是花嗎？從來沒有看過耶！」

「對呀，這是我最喜歡的花喔。」

以前的我看不懂藝術品跟花藝，開始能理解藝術品的表達，是從進入試管療程以後開始的。

我去的不孕症診所一樓就是間藝廊，在我頻繁回診抽血的那陣子，藝廊正在展出小澤香奈子的作品。

其中有一幅畫我非常喜歡，畫中小澤創作的角色正在遛著一顆黃色的、圓圓的、看上去就像是顆蛋黃的東西。當時我好想、好想買下這幅作品，因為畫中圓形的黃色光亮，就像一顆閃閃發光的蛋黃酥一樣。

那時只要我對治療感到恐懼，都會在離開診所前到藝廊晃一圈，也是在那時候我才看懂了藝術品背後的能量。

至於花藝，以前我總覺得花不僅不是生活必需品，買起來也不便宜，而且過沒幾天就枯萎了，所以從來就沒有喜歡過花。

會開始買花，是在懷孕的前一個過年，為了讓家裡有新氣象，決定買些花來裝飾。那時候就正好是小手毬的花季，第一次見到小手毬，我就對它深深癡迷。

我後來變得很常買花，因為我發現花能帶給我除了擺設外的另一種極大療癒。

一直以來，我除了睡眠外，是個長年無法離開手機超過十分鐘的人，我總是深怕漏掉任何一個工作上的重要訊息。但自從開始買花以後，我竟然可以為了理花，大半天的遠離工作、遠離手機。

我習慣一次買入極大量未整理過的花材，然後待在家裡的後陽台靜靜理花，悉心的為花挑葉、削刺、剪莖、換水。

只有在做這件事情的時候，我會甘願將手機放在很遠的地方，澈底靜下心，聽不見外界的任何聲音，讓自己只沉靜在花裡。往往整理完，三個小時也就這樣過去了，我得到了很好的釋放，也被注入了新的能量。

好笑的是，因為家裡養貓，不適合擺放花瓶，有些花也不能讓貓接觸，所以我每週買的花，理完以後都是被放在後陽台的，並沒有被拿來觀賞用。

花，成為了我每週願意固定用來沉澱自己內心的消費。

可愛的護理師們

慢慢的，我們也跟婦產科樓層的護理師們越來越熟了，畢竟大部分病房裡住的都是產後媽媽，大多只住幾天就出院了，只有我一個人住了這麼久，對護理師來說也算是蠻難得的熟悉病人。

每天早上寶寶哥去買早餐，都會多買幾份分給護理站的護理師；朋友們陸續聽說我住院了，也紛紛將水果跟補品送到醫院來，我們夫妻倆實在吃不完，也會將部分心意送去護理站。

住院期間，護理師每天都會進病房量三次胎心音、換三劑止血針跟無數包食鹽水，我常常詢問他們一些工作上的事，像是為什麼會選這個職業呀？多久需要輪調一次別科啊？最喜歡哪一科呀？

聊著聊著也幾乎都成了朋友，後來甚至還有護理師問我公司有沒有缺醫護人員？想換工作到我們公司來呢。

總體來說，我的住院生活雖然無奈，但有這些護理師陪我聊天，我還是很知足的。

謝謝你的陪伴，寶寶哥

在醫院時我也澈底放飛了體重控制的這件事。

一來是我感到自己已經夠苦的了，二來住院也實在是太無聊。雖然我還是吃什麼都想吐，但老子實在找不到其他撫慰自己心靈的方式了！

那時候我點起 Cold stone 的冰淇淋外送，都是以富豪千金的姿態直接買桶裝的來吃，吃給它過癮、吃給它爽！

外送還點得到新竹城隍廟的美食，蚵仔煎、肉圓、滷肉飯，雖然光聞到那些味道就會想吐，但我還是點好點滿，吃不完的就交給倒楣的寶寶哥。

不過，貼心的寶寶哥也有讓我翻白眼的時刻。

某天一早，寶寶哥說醫院今天有一百支疫苗可以讓民眾隨時去打，還沒打第三劑的他，毅然決定立即施打。

他打前兩劑時的身體反應只有稍微發燒與肌肉痠痛，怎知第三劑一打下去，他不僅發了高燒還全身疼痛到站不起來，只能癱軟在病房裡的沙發上，連進房拿藥給我吃的護理師看了都嚇到，直問有沒有需要也提供他一些止痛藥？

到底誰才是這間病房裡真正的病人啦！

住院期間因為疫情，醫院不能有第二位陪病者，只有寶寶哥二十四小時照顧我。

我的三餐、清潔、各種需求都是他一個人做！

他每天要上下與來回醫院無數趟，停車場又不在醫院的地下室裡，每次移動都必須走到對面大樓開車。但只要我想吃什麼，無論幾點他都願意立刻開車去買；我三不五時點的外送，他也配合著不斷上下樓去拿；他還得兼顧工作，常常衝去公司又再衝回來。

當時我對上廁所也很恐懼，每一次脫下褲子都有陰影，害怕再次看見鮮血淋漓，寶寶哥都會陪著我進廁所，在我閉緊眼睛脫下褲子時，由他幫我看是否有出血，我才敢睜開眼睛。

也因為我手上打著點滴，穿脫都不方便，他還必須幫我把褲子穿回去。

原本害喜一直處在很暈但吐不出來的我，在某天凌晨也終於吐了！

那天我害喜到凌晨都還睡不著，寶寶哥起來問我還好嗎？

我心想，一定要裝個可憐給他看，他才會知道我有多可憐。

我故意發出了一聲：「嘔～」一欸，沒想到……

他媽的我就真的嘔了！

我一秒坐起身，火速把頭撇向床邊，直接往地板上嘔去！

地上瞬間全是嘔吐物，而且透過窗戶的反射，我還看見了自己噴出嘔吐時的模樣，簡直像極了一頭魚尾獅，差點以為自己來到了新加坡。

我吐得一地唏哩呼嚕，寶寶哥睡眼惺忪的趕緊開始清理嘔吐物。

我坐在床上很抱歉的對他說：「對不起、對不起。」

但他卻沒有半點起床氣，只是溫柔的回應我：「有什麼關係，妳又不是故意的，況且妳一定是很不舒服才會這樣呀……」

我還真的是一字不漏的背下了他說的每一個字，再配上他跪在地上清理的模樣，這些我全都一起裱框起來，放到了心裡很深處的地方。

11. 止不住的出血，停不了的止血針

當然我在醫院裡可不只是當病房觀察家與港劇影評人，我也是有在認真做治療的。

住院期間我的手上必須埋著針，這樣才能注射二十四小時的食鹽水與每八小時就得透過點滴傳送進來的止血藥物。

每天早上九點開始，護理師就會進來病房將第一管的止血針注射在點滴裡。每隔八小時注射一次。

在醫院住了一段時間後，就快接近過年了。

某天醫生照了超音波，說狀況還不錯，原本的出血點已沒有再出血，還沒排出的血也已凝固成血塊，只要等待後續慢慢吸收跟排出就行！

看來，我應該是有機會可以在過年前出院回家的。

這真是個天大的好消息！

不過，有鑒於前一次出院後又出血被送回來的經驗，這次我們向醫生要求先停掉止血藥物觀察看看，想模擬實際出院後沒有止血點滴會發生什麼事。

否則出院了再被送回來，重新進急診、重新看診、重新快篩、重新排病房，太折騰人了！於是醫生替我拔掉手上的針，我度過了一個非常舒服的夜晚，一覺到天明。

每天手上埋著針，做什麼都不方便，除了翻身得遷就點滴管子外，走到廁所也得扛著點滴架，就連洗澡都沒辦法。

那時候我都是趁著每次換針時，爭取一些時間趕緊去洗澡的。

隔天睡醒，哇，心情真的非常好！

我叫了一份起司玉米蛋餅尬大冰奶，豪吃一頓完，就等醫生過來照最後一次超音波，決定何時可以辦理出院。

吃完早餐後我走進廁所，才一坐在馬桶上，就突然排出了很多果凍狀的大血塊。

我非常樂觀的想，那些卡在子宮裡一直不排出的血塊終於排出來了吧，很好！

怎知說時遲那時快，緊接著流出的，竟又是熟悉的深紅色鮮血……

腦袋彷彿雷擊般轟轟作響，我愣坐在浴室馬桶上，說不出話也無法思考。

而且這次的血量，竟比前兩次送急診的時候都還要多！

我坐在馬桶上不敢離開，因為鮮血就像水龍頭般關不起來。

啪哃啪哃，馬桶很快就被裝滿了三分之二……

我從來沒有見過這樣的景象，縱使第一次出血時弄得公司馬桶裡外都是血，那血量也沒有這麼多呀！

我更是從沒見過那樣的自己，不曾想像過自己會有這樣血流如注的時刻。

內心遊走在瀕臨崩潰的邊緣，落下無助的眼淚，我清楚感受到自己全身都在發抖，已分不清是失血過多的冷顫還是看見太多血的恐慌。

我一度頭暈目眩、雙腿無力得差點站不起來，渾身爆出冷汗。

寶寶哥發現不對過來看我，嚇得馬上通知護理站，此時醫生還在診間看診，無法趕過來替我照超音波，護理師只好安排我到診間外頭等候。

我只記得自己等了好久、好久，久到感覺墊著的超長型衛生棉就快吸不住血了。我無力站起來也無力移動，最後只能哀求寶寶哥先去敲敲醫生診間的門，拜託醫生可不可以快點救救我。

醫院的日光燈是那麼的明亮，可我睜開眼睛卻看不見任何光。清楚感到自己的五臟六腑都在吶喊，喊得我震耳欲聾，可為什麼旁邊的所有人都聽不見！

診間裡坐滿了等候看診的夫妻們，大家幾乎都是面帶迎接新生命的喜悅，只有我雙唇慘白的趴在醫院的藍色塑膠椅上，感覺時間過得好慢、好慢，我像是走進了慢動作放映的電影裡頭一般。

終於輪到我了，照了超音波後，蛋黃酥一樣沒事，只是子宮內又開始出血了！

而這次，醫生也無法回答我到底哪裡出血。

我真的好無助，盯著診間裡的天花板，不知道哪裡是盡頭，不知道下一秒又會發生什麼，不知道這樣的日子還會持續多久……

「這個週數能做的不多，只能一直打止血針。」醫生這麼說。

我很擔心找不到出血點是不是就一直無法對症治療？或是會不會因為出血過多而有危險？

重新打上止血點滴

現在能做的只有這樣了。

我只能躺在這裡，只能等待寶寶長大到一定的週數，再來看下一步。

總之，我又重新埋上針，打上了止血點滴，無神的躺回病床。

很確定自己是無法回家過年了，只希望我的害喜快點好，至少不要讓我過一個上半身想吐、下半身又在出血的年。

也是這次住院住了那麼久才曉得，原來為了避免感染，手上埋的針必須四天換一次。

我的血管很沉，除了針不好打之外，其實住院沒多久，我的兩隻手就已經快要找不到血管可以打了。

護理師曾經建議要不要改打在腳板上。

「痛嗎？」我問。

「嗯……打在腳上的話，的確蠻痛的。」護理師也很老實的告訴我。

我想，我對打針的恐懼大概這輩子都不會好了吧。

最後還是沒讓護理師將針打在腳上，我們改打了一些雙手比較冷門的地方。

哎，也是痛到不行。

每到要換針的前一晚，我都會壓力大到睡不著。一早九點，護理師就會進來換針了，我往往徹夜難眠到早上，直到病房的門被打開。那一刻早已不曉得自己是鬆了一口氣，還是覺得地獄來臨，總之每三天我就會循環一次這個過程。

12. 可以把病房包下來嗎？

在醫院過年

醫院裡自然是沒有什麼過年的氣氛。

原本滿房的樓層，也只剩下個位數的病房有住人。

「因為大家都還是會想回家過年呀！」護理師邊換點滴邊說。

「難道生孩子還可以安排時間的嗎？」我一邊忍耐換針的痛，一邊止不住好奇心。

「自然產的當然無法，但剖腹產的還是多少會避開這幾天，光是這樣人數就差很多了。」原來如此啊。

過年期間電影台播放的都是一些賀歲片，許久沒接觸第四台的我，除了白天看電影，還在第四台的世界裡發現了新大陸。

有一個節目，固定會有兩個人，一個是主持人、一個是算命師，他們會接受觀眾現場 call-in，提供八字讓算命師論命。

「妳對感情很執著，現在的這個交往對象會賭博，總是有金錢糾紛對嗎？」

「對對對，老師你怎麼知道？」

「因為妳上輩子跟他有過一段情，妳辜負了對方，所以這一世要來修煉、要來還。」

哎，這劇本一看就知道是設定好的，但還是好好看。

過年期間我也不想打擾太多朋友，免得弄到大家都還得來安慰我。

除了看電視，我剩下的樂趣大概就是一直監控家裡的攝影機了！

我會不斷打開攝影機跟貓對話，慢慢的，牠們好像也知道是怎麼回事了，只要我打開麥克風呼叫，就一定會有貓過來，看著鏡頭一副呆萌的聽我說話，那陣子我手機裡光是攝影機的截圖，就有上百張了吧。

情況突然有了很大的好轉

那幾天我因為臥床太久，整個人也都很昏沉，只要睜開眼就天旋地轉的。不過子宮狀況卻又意外的有了很大的進步。

雖說無法回家過年，其他家人也進不來醫院，媽媽仍送了年菜過來讓我和寶寶哥除夕夜在醫院裡吃。

吃完年夜飯的那天晚上，尿尿時突然又排出了一塊超大的血塊！

欸？我心頭一驚，這次可不敢再像上次那樣天真了，前一次排出血塊後緊接著就血崩了，我們趕緊通知過年值班的醫生。

「哇，看起來很好啊！原本在子宮裡大概占了七八公分大的血塊區域，幾乎都快排光了！」爽朗的值班醫生邊照超音波邊說。

看著螢幕，感覺那畫面不像是我的肚子。

蛋黃酥從原本跟血塊一邊一國的各占一半，移動到了中央位置，也就是他真正該待的地方。

我們從來沒照到過這樣的畫面，那是我們第一次看見肚子裡的寶寶在正常該待的位置上！

「醫生，看得出孩子性別了嗎？」這時候已經十六週了，但每一次照超音波都還是照不清楚性別。

「啊……還是看不太清楚呢。」

沒關係，至少身體接連積極的排出咖啡色的舊血，不是壞消息就好。打從第一次出血開始，透過超音波看見的子宮就不曾這麼乾淨過，這次好像真的就快出頭天了呢！

「咻蹦！咻蹦！」在走回病房的路上，都能聽見從外頭傳來的煙火聲。啊，看來人們都在慶祝過年呢！

就快出頭天了

隔天，主治醫師又推著超音波機進來病房，親自再幫我看了一次子宮狀況。

那天超音波裡的蛋黃酥好漂亮，真的就是一個小人偶的形狀！頭大大的，我甚至可以清楚看到他側臉的輪廓，鼻子很挺，很可愛。之前他被血塊壓迫得只能蜷縮在一邊，我們從來都沒有看過一個正常的寶寶人形躺在那裡，我好奇得忍不住拿起手機拍了好多張照片紀念。

當天醫生也幫我安排了血液的常規檢驗，報告都很正常，我們也放下了一萬顆心。醫生說，如果狀態持續這麼好，也許我們在農曆年過完以前，真的就可以出院了。

其實，在住院的這一個月裡，反覆出血的狀況早已嚇壞了我們，情況最糟時我甚至都做了一路住下去也沒關係的心理準備。我跟寶寶哥也不敢輕易出院，畢竟出院後要再住院可不是說住就能馬上住的事！

為此，寶寶哥想了個他自認為很聰明的方法，他問醫生：「還是我們出院後，我可以把這間病房包下來，一路包到生產以防萬一？」結果是不行。（廢話！）

他這個自以為很棒的方法，一秒就被打槍了。

接著換我出馬，我擺出一副「我也是退而求其次才跟你商量的喔」的態度問醫生：「還是我可以把貓都帶來這裡養？你讓我舉家搬來，我就不會想回家了。」

結果也還是不行。（更廢話！）

醫生跟護理師們還很可愛的跟我說，如果貓帶得進來，那他們也沒工作了，請我放過他們。我想想起這段時間跟醫生、護理師們累積的感情，就放棄這個念頭了！

既然不能將病房保留下來，那還是乖乖繼續住下去吧，縱使醫生說或許很快就可以出院了，但現在反而換我們不想離開了。

13. 原來，那是道別

雨過天晴後的暴風雨

過年期間我除了因為臥床導致頭暈目眩，以及只要吃東西就會想吐有點糟以外，其他都還好，子宮內的狀況透過超音波確認，的確是前所未有的好，終於像個正常的孕婦子宮了！

某天清晨七點，原本在睡夢中的我突然全身發寒！

我是個一年三百六十五天都不怕冷的人，那天在床上卻睡到全身衣服都被冷汗浸溼了，冷得直發抖。牙齒也不受控制的抖到不停碰撞，寶寶哥給我蓋了三件被子還是擋不了我從骨子裡發出來的寒。

護理師推來了烤燈，照了許久我才稍微感到好些。

體溫一量，39.1度，我發燒了。

「因為妳發燒了，所以前幾天抽血檢驗的數值也不能算數，需要重新抽過。」護理師這麼說。

「這次還要多做一項細菌培養的檢查，這必須要扎針在不同部位、取不同部位的血才準。」

什麼！所以不能扎一針就結束？

「為了怕是泌尿道發炎引起的發燒，等會兒我們還會需要插入導尿管，取出尿液檢驗。」

那又是什麼？插入導尿管？會痛嗎？

什麼都還不及問，很快的又進來了一名護理師，拉上隔簾，馬上就開始幫我進行導尿了。

這是我人生第一次體驗放入導尿管，那個痛，在世上簡直找不到文字可以形容。

她們試了幾次都失敗，最後一共出動了三名護理師，還是沒能成功的將導尿管放進去！

我在內心狂吼：「我發誓此生絕對不要再讓自己有機會被醒著放入導尿管了。」

最終他們讓我改用盡量無菌的方式取得尿液送檢。

護理師告訴我，必須要取得尿液做檢驗是因為如果尿道感染，細菌從陰道進入，引發陰道內感染的話，情況就會很嚴重了！

聽得我忐忑不安，怎麼這一路的災難就不能停止一下呢？

醫生得知我發燒以後也特地過來看我，又照了一次超音波，結論還是一樣，子宮內的情況很好、很棒，蛋黃酥也一切都好！

醫生說要不是我突然發燒了，他原本是打算讓我在這天出院的，看來還得再多觀察幾日了。

「啊！原來今天是我的出院日呀？」

我好想念家裡的貓、家裡的床、家裡的熱水。

不祥的預感

為什麼總是在我可以出院的當天，就會發生無法預料的事呢？

我不禁感到毛毛的，在心裡問了孩子：「你知道自己不會平安出生了對不對？只是時候還沒到，你正在用各種方式、想辦法將媽媽留在醫院裡，對嗎？」

但這個想法實在太不吉利了，我沒有告訴任何人。

媽媽在懷孕時候的直覺真的很準，在過去多次的危急時刻中，我總能感覺孩子還是跟我跟得牢牢的，後來也都證明確實是如此。

可現在明明已經不再出血、子宮血塊也清空了，那些最初使我入院的原因，如今都沒事了，我不過是發了一場高燒，怎麼就有了這樣不吉利的念頭了呢？

我也不知道。

尿液的檢測報告出來了，顯示泌尿道應該沒有感染發炎，雖然發燒，只要先打上抗生素、吃退燒藥就好，不用太緊張。

我在中午吃了一顆退燒藥，將汗逼一逼，還真的很快就退燒了！

除了胃口不太好外，倒也沒什麼異狀，於是照常臥床，看著電影台播放的無聊電影。

下午午覺睡醒，發現原本退燒的我，又開始出現反覆發燒的情況。

依照醫生指示，我趕緊再吞下一顆退燒藥，繼續昏睡。

住院期間，每八小時會量一次胎心音，蛋黃酥每分鐘心跳速率都平均在一百五十左右，一直很標準。

這天傍晚，護理師第一次量到了一百八十的速率，但又一下回到了一百五，再一下又到了一百七，跳來跳去的……

從上午開始，我就一直有不好的預感。

兩次被送進急診，期間又經歷無數次血崩，我的第六感總是告訴我，他還好好的，沒事的。但此刻的我真的不知道為什麼，明明上午醫生就說子宮內的狀況非常好，下午也得知尿液檢測正常，但我的內心就是有個聲音在告訴我……

他就要離開了。

我始終沒有把這個不吉利的念頭說出來，包括一直都待在我身旁的寶寶哥。

明天又是換針的日子，今晚我手裡埋的針一直讓我感到刺刺的、很不舒服，我問護理師：「反正明天就要換針了，還是妳現在就先幫我拔掉，到明早再換新的針，好嗎？」看來我還是沒能適應打針的陰影，能拖一下是一下。

「既然明早還是要埋針，妳就讓我現在重新幫妳埋吧！」護理師試圖說服我。

「可是……」我也試圖反抗。

「現在埋一埋啦，明天早上就不用埋啦！」

我知道自己只是鴕鳥心態能拖就拖，但其實逃也逃不了太久，好吧，還是同意提早換針了！

但我手上真的已經快要找不到可以埋針的血管，這次又被打在一個沒打過的、很冷門的新地方。

幹，極痛！

凌晨十二點，護理師又進來量胎心音了。

這次她們特地找來了一位更資深的護理師，可蛋黃酥的心跳還是一百八、一百七、一百五、一百八的跳來跳去。也不知道是怎麼回事，只能靜待觀察。

原來，那是道別

護理師們離開沒多久，我記得我看了看時鐘，凌晨一點。

突然，我感到私密處有股暖流又突然湧了出來，嚇得趕緊從床上跳起來！

「怎麼了嗎？」寶寶哥也被我的舉動嚇了一跳。

「快！又有東西湧出來了！」我們一邊扛著點滴架、一邊三步併兩步的衝進了浴室。

從床邊走到廁所，只有短短的十步路、才十步路，我內心好不容易建好的牆又要瓦解了。

自從第一次大出血後，每次如廁要脫下內褲前，我都需要很大的勇氣，只是那麼簡單的一個動作，我都需要一次次的心理建設。

更不用說本來看似就要好轉的一切，一秒又被這股湧出感給一次沖毀了！

我該用什麼心情面對等等脫下內褲會看見的場景，這十步，長得像永遠也走不到終點。

到了廁所後，我深呼吸一口氣，閉著眼睛脫下褲子！

「咦？不是鮮血啊，老婆！」寶寶哥說。

我睜開眼睛看了看，衛生棉上的是淡淡的咖啡色液體！

想想連日來我都在快速排出舊血，顏色也是深淺不一的咖啡色，當下我們便不驚慌了。

「原來是在排舊血啊……」只是量稍微大了一點而已，拍了張照片傳給醫生報備，就回去臥床了。

可躺回床上的我，隔了一下想想還是不放心，決定再起身確認一次。

然而這次，脫下褲子後看見的，就是鮮紅色的血了。

「沒事、沒事。」我一邊在心裡這樣告訴自己，一邊走回病床上。

但我知道，我知道這次是真的有事了。

醫生在收到鮮血照片後推著超音波機立刻趕了過來！

一照，眼前出現了我們都難以相信的景象。

「羊水都沒了！我想……接下來可能會有一些進展……」醫生很小心的斟酌用詞。

「很抱歉，我們都那麼努力了，卻還是發生了這樣的事情……」見我們都沉默著，醫生試圖再擠出點什麼話來。

可我與寶寶哥除了盯著超音波的畫面外，什麼也說不出口。

一個小時前，一切明明都還好好的。

原本在蛋黃酥身邊，將他整個人籠罩成一圈保護起來的羊水，全都不見了！原來，剛剛湧出的那些淡咖啡色液體，它不是舊血，是羊水。

一時之間，醫生也凍結住了，明明幾個小時前我們還在說笑，說著我們就快要出院了耶，怎麼才幾小時而已，劇情就走到了這裡。

住在醫院裡已經快一個月了，無數次緊急大量出血都沒能真正將我們分離，卻在一切都要撥雲見日、即將出院的前夕，孩子卻無預警的向我們告別了。

也不過才幾個小時前，我剛感受到孕期以來的第一次胎動，就在下腹部的右側，他很用力的踢了我一腳，在我體內小小的身軀竟然有這麼大的力量，我還感到很新奇呢！

原來，那是他的道別。

14. 遇到了，就要面對啊！

當醫生判斷目前情況不是很理想的時候，我能感受到他謹慎小心的用詞，我也不希望為難醫生。

那個當下我沒有哭泣，第一時間想起的，是第一次血崩入院打給媽媽時，她的聲音非常淡定，沒有我以為會聽見的老母親的慌張。

「媽媽妳聽到都不會緊張嗎？」我當時這樣問她。

她說：「寶貝啊，妳怎麼這麼傻呢？世上怎麼會有不擔心自己兒女的媽媽？只是事情遇到了，我們就要面對啊。」

哎，差點忘了自己當下也是個媽媽了，怎麼就問出了這麼愚蠢的問題呢？

嗯……是啊，事情遇到了，我們就要面對啊。

耳邊響起媽媽的這句話，看著超音波畫面，我在心裡鎮定的告訴自己：「不要害怕，事情遇到了，我們就要面對。」

我努力保持鎮定，問醫生接下來會發生什麼事？在得知可能需要引產後，還是很冷靜的繼續問：「我非常怕痛，能不能使用麻醉的方式做人工流產？」

「這個週數沒辦法了，一定得用引產的方式。」

什麼是引產？

當孕程提前停止了，在無法有產兆的情況下，利用催生藥物幫助胎兒產出，過程就跟自然產一樣。就想像我真的是要去生一個孩子出來，只是他比較小而已。

「不能用麻醉的方式，因為麻醉了就無法用力，但胎兒在最後要出來時，還是必須借助母體的力量。」醫生對我說明著。

「嗯，好，這樣我知道了。」

雖然並不曉得自己接下來會面對什麼，但好像也只能這樣了。

很快的，我被轉進了產房，被安排待在待產室裡。

「我們不會再安排其他待產媽媽進來，會讓妳安靜的待在這裡。」護理師溫柔的說。

護理師說也不用急著立刻手術，她們會讓我沉澱到天亮，預計白天才會有進一步的安排。

漫長的那一夜

進到待產室後沒多久，產房的另一名護理師走了進來。

「現在需要換打另一種點滴。」

「可妳手上埋的是細針沒辦法使用，必須換粗一點的針，所以得重新埋針。」護理師這麼說。

想起幾個小時前才剛換針，心想：「哎，其實偶爾苟且一下是對的！早知道就不該先打那一針的。」

我的雙手一樣沒有地方可以埋針了，那一針粗針，就被打在了我手腕的外側邊，大拇指與手腕交界處。

我從來不知道那裡有血管，一針打下去的那種痛，痛得讓人難忘。

那股強烈又深沉的痛，就像是我的心痛在告訴我：「縱使妳的心再痛，該面對的其他事情也還是一樣得面對，該妳痛的仍然得承受！」

凌晨三點，我在待產室裡頭，看著醫院的天花板還是沒有哭，還是不斷告訴自己：「事情遇到了，就是要面對啊。」

想著再過幾天，農曆年過完就要開工了，看來是暫時回不到工作崗位了，還是先把工作交代好吧！

我在待產室裡做的第一件事，就是打開手機，寫下工作的交辦清單。寫完交接清單，我開始上網查跟我接近週數的引產文章，想先看看別人的分享，好有個心理準備。

雖然論壇上有些人說，這個週數的引產速度很快，護理師們也是這樣告訴我的，但真的上網鉅細靡遺分享自身經驗的人裡，我看到最快的產程也要十二個小時，還有不少人的引產用了一到三天的時間。

我常說我很怕痛，那也不是開玩笑的，我不是一般的怕痛。

我甚至考慮要不要打減痛分娩？或乾脆麻醉讓醫生來剖腹吧！

我知道這一切真的很可笑，蛋黃酥就這麼小，沒有人會這麼做的，可我竟然認真考慮了。

文爬完，天也亮了，大概清楚了即使週數小，但引產就是一個完整的自然產過程，所以會面臨的風險也接近，一樣有可能遇到羊水栓塞或出血過多死亡等機率，所以，在通知護理師我準備好了以前，我最後還是決定寫一封遺書。

站在死亡的十字路口

這麼說或許看起來很誇張，但在讀過無數生產文章後，我真切體會了生產就是在與死神拚搏，真實的感受到自己就站在死亡的十字路口。

我會不會就正好是那個缺少了一點幸運的人？沒有人知道。

更不用說是現在這個對幸運一點把握也沒有的我！在整趟孕程中，我從來沒有一刻感受到自己是幸運的。

果然人在生死的面前，反而更能清楚體會自己這一生最重要的東西是什麼。

我原以為，在這世界上我最無法放下的，肯定會是原生家庭的親人；我也曾以為，在我人生最後的時刻，我第一個最想踹開的肯定會是我的公司、我的工作。

雖然我創業了十五年，在很多人眼中我是很年少就得志的人生勝利組，卻鮮少有人知道，這十五年來絕大多數的時間裡，我都不如外人以為的那樣風光。

我像是爬在泥巴裡，覺得自己又狼狽又難堪的時間占據了大半，我缺少的那些天賦也像是後天如何補都補不足般。我沒有一天睡上好覺，更時常被壓力壓得喘不過氣來，挫折塞滿了我創業時光中的九成，只有一成才是勉強稱得上成就感的東西。

我認為我會在哪天終於可以踹開工作的時候，義無反顧的當個渣男，罵上一聲：「對！我就是渣，我要拋棄妳了！」然後頭也不回的走掉！

可當我看著自己一股腦的順著內心所寫完的遺書，我似乎才懂了什麼。

我寫下的那封遺書

我的遺書很短，沒有長篇大論。甚至在十分鐘內就寫完了！

裡頭只短短的交代了兩件事：

一、我個人名下的所有財產，全都留給我的先生。

二、如果我不在了，公司決定要持續經營下去，請務必將公司交給周周，並替我交代他，公司的下一步該如何如何做；如果公司決定不經營了，就請周周代替我去找某某某，並將公司賣個好價錢。最重要的是，公司出售後，請務必善待現有的每一位員工。

或許人只有在面對生死時才是對自己最誠實的吧！

我很愛我原生家庭的家人，也正因很愛他們，我在過去便已用盡我所能及的努力，讓他們都可以過上還不錯的日子。如果我走了，我不會擔心他們日後的生活，但卻會放不下我的先生。這封遺書讓我發現，原來我對他一直是不夠好的。

我也知道我很重視我的公司，只是不知道有重視到這個程度，也是這封遺書才讓我知道，那些我會放不下的事情，它就占了二分之一。

當生死真正被擺在我們的面前，當我們也只有很短的時間可以做決定，那時候寫下的，或許才是連自己都不曾知道的真心話吧。

15. 蛋黃酥，再見

準備引產了

寫完遺書後，想休息卻也無法闔眼。

眼看時間來到中午，我在待產室一共待了九個小時，但卻一點都不覺得漫長，明明整個孕期我都感到度日如年，卻在這個最後能跟蛋黃酥相處的時間裡，感到時光飛逝。

眼看羊水已經消失十二個小時了，不忍蛋黃酥繼續這樣待在裡頭，我們通知護理師可以開始用藥。

「等等我們就在這裡生嗎？」我問護理師。

「對的，我們就在待產室裡頭生。」

「那、那他現在還有心跳嗎？如果他還有心跳，我、我們該如何是好？他生出來以後如果還有心跳……」我顫抖的提出了那個我其實也沒有勇氣面對答案的問題。

「在目前這個情況下，我們只會將關注力放在母體身上，媽媽才是我們現在的重點。」嗯，我聽懂了，也逼自己不要再往下延伸出更多問題。

醫生也過來看我了，雖然很羞恥，我還是開了口：「醫生，我知道很可笑，但請讓我打無痛分娩好嗎？」

醫生沒有拒絕我，只是溫柔的說，如果真的需要，她願意幫我，但還是鼓勵我先試試看。

「我們可以先用止痛針的方式，或許產程很快，脊椎就不用多挨這一針了！」（但止痛針只能四小時打一次，中途若是更痛了不能再打，所以仍要節省著使用。）

或許是做媽媽的最後一份堅強吧，總之我同意了。

我向肚子裡的蛋黃酥喊話：「謝謝你來這一趟，媽媽知道你要走了。我能理解上天總有不盡人願之處，但肯定都有它的意義，媽媽還需要一點時間去體悟這一趟的意義是什麼，但我終究會找到答案的，到時候再跟你分享。希望你離開時能一路順風，也不要捨不得媽媽，不要讓媽媽痛太久，我也會想念這段時間只有我跟你兩個人才知道的小祕密！孩子，去吧。」

我知道你聽得見

我吃下了第一顆催生藥。

護理師說藥效最快會在一到兩小時後開始作用，跟我看的分享文差不多。

吞完藥我們就開始等待了，也請寶寶哥幫我記下每一個關鍵的時間點。

想不到我的藥效來得很快，才十分鐘就開始感受到強烈的經痛感。

或許是母子連心吧，很奇妙，我知道他聽得見我的喊話，他一定也想用最快的方式讓我解脫吧，所以我也突然很有信心的覺得止痛針不用節省著非要在痛得無法忍受時再打了，現在就立刻打！

我知道他很快就會出來了。

止痛針打下去後，痛感逐漸消失，我也跟著藥效昏睡了過去。

約莫過了才半小時，我突然又被痛醒了！

「藥效怎麼會退得這麼快？」我心想。

咦，還是這個痛會不會是真的很痛，痛到連藥效都壓不過了？我在心裡默數著宮縮的節拍，發現是痛三十秒、鬆二十秒；再痛三十秒、鬆二十秒，非常規律。

寶寶哥去通知了護理師，我的宮縮變得很頻繁且是規律的。護理師進來準備內診看看，可我雙腳才一張開，就感覺有東西要出來了。

「爸爸有想看寶寶嗎？」護理師問。

我們都沉默了。

我先開了口：「我們都別看吧，好嗎？」

寶寶哥點點頭，護理師拉上了病床的隔簾，寶寶哥就待在隔簾外頭。

護理師引導我出力一陣後，還真的滑出了一些東西。並且我能感覺到是一個具體的東西，像是一個小葫蘆，有四肢。

「是寶寶出來了！」護理師冷靜的說。

接著她們將臍帶剪掉，醫生說下一步就是等待胎盤跟著出來，如果一小時內沒有出來，我們就要進到產房裡去清宮。

最終還是逃不過大出血的宿命

醫生離開後隔沒五分鐘，我感覺又有東西要出來了，在護理師的幫忙下，嘩啦嘩啦的一堆東西跟著跑了出來。

「這次應該就是胎盤了吧？」我在心裡這麼想著。

但馬上就聽見其中一位護理師轉頭跟另一位護理師說：「排出了很多血塊。」

我看見她們快速的將排出的東西拿去秤重，緊接著醫生趕了進來：「我們現在必須馬上進去產房清宮！」

就這樣，我立刻被推進了產房，挪移到了產房的產檯上。

醫生內診後束手無策，我的膀胱太漲了，醫生說這必須得放入導尿管將尿液排出才行。

什麼！我有聽錯嗎？是導尿管嗎？

我前一天才發誓此生再也不要清醒著被人放入導尿管！

我在產檯上苦苦哀求醫生，拜託她不如讓我麻醉睡去吧，我真的無法醒著被放入導尿管。現場的兩名醫生跟護理人員都合力勸我，因為我正在大量出血，如果要麻醉不只得等麻醉醫生過來，還得再換到開刀房去，這樣我會被折騰更多時間。

我能明白在那個當下，現場所有人一定都會覺得這一切很荒唐，這世上怎麼會有這樣的人，簡直沒有正常的判斷力，都面臨生死關頭了還不讓人趕緊放入導尿管。

如果我的醫生能看到這本書，我希望將我在產房裡沒說出口的話，在這裡告訴她。

黃醫師，我很抱歉造成妳的困擾，我是個很怕麻煩別人的人，卻在這天對妳提出了很多不合理的請求。

但那全是因為，在我懷孕的四個多月裡，我的每一天都過很痛苦，我從植入到還沒確定懷孕，就一路被做了很多醫療，我的孕期也少了那麼一點幸運，雖然一路乘風破浪，卻還是沒能盼來大家說的「最舒服的孕中期」。

我從沒體驗過一天美好的懷孕過程，我的每一天都在忐忑與不安中度過，所以我希望這最後的一哩路，我能是舒服一點的，至少讓我在未來回想起來，能不全是些可怕的回憶。

雖然上述的這些話我沒機會在當下講給醫生聽，但她還是成全我了。

他們急call了麻醉科醫師過來，也把我換到了開刀房，快速貼上心電圖、罩上氧氣罩，準備麻醉。

「啊，遺書！」

這時我才想起自己正在大出血，等等麻醉睡下去後會發生什麼事、我能不能再醒過來我都不知道……

不了解懷孕的人可能真的會覺得我很誇張，但別看身邊很多人生孩子好像都很容易，就認為順利是正常的，事實上生產完全是用命去賭博，可怕的故事有很多，只是我們懷孕以前從沒接觸過。

我趕緊把醫生叫來！

老實說我若是醫生本人，可能已經不管三七二十一的直接把眼前的病人用麻醉暈倒，到底是煩不煩？但當下我能信任的也只有她了，我握緊醫生的手告訴她：「醫生，我有寫一封遺書，如果我沒有醒過來，請妳轉達我的先生，遺書就放在我手機的備忘錄裡頭。」我像是交代遺言那樣。開刀房裡的所有人聽了都急著安慰我：「沒事的沒事的，不要這樣想啦，沒事的。」

我便隨著麻醉睡去了。

醒來後我正在被推回待產室的路上，迷迷糊糊中，我聽見葬儀社的人來找寶寶哥了，他們一起離開去討論蛋黃酥的後續處理。

到這時候，我仍然沒有為失去蛋黃酥落下眼淚。

我的反應連我自己都有點懷疑：「我該不會真的有這麼堅強吧？」

結果當然是沒有，只是還沒開始而已。

16. 我的世界已天崩地裂

眼淚終於潰堤

天黑了。

我終於在晚上打了第一通報平安的電話給媽媽時，讓眼淚潰堤了。

原來前面沒有哭，是身體裡的防衛機制起了作用，那是一種人在本能上的自我保護，它在人們面對突如其來的衝擊時，為了讓我們能先理智的將該處理的事情處理好，機制在此時就會自動啟動，直到最重要的都處理完了，機制也就關閉了。

從我開始哭泣後，才知道原來失去孩子的痛是這樣的。

我每一次的哭泣，都用一種從沒看過自己這樣哭的方式在崩潰。也不是哭天搶地，都是很安靜的哭泣，只是難以形容。

自從眼睛的水龍頭打開後，也就停不下來了，引產後的我，直到從待產室再移回到病房，才感到這個世界發生了天崩地裂。

任何事情都能讓我觸景傷情

回到病房，護理師們還是如往常一樣的親切，也習慣性的稱呼我「馬麻」，我每聽到一聲，就在心裡回答一次：「可是我已經不是馬麻了。」然後就躲進棉被裡崩潰，無限循環。

當晚我就吃到了醫院訂的月子餐，我想起還住在三人、雙人病房時，三餐都會被隔壁床的產後媽媽們香醒。她們喝的湯有夠香，即使當時的我無論吃什麼都想吐，還是很羨慕的聞著，心想幾個月後我也可以大吃妳們正在吃的月子餐了，哼。

只是，我是很想吃沒錯，但並沒有想要這麼早吃到啊。

看著放在我眼前的月子餐，跟那熟悉的煲湯味，我在病房裡嚎啕大哭。

產後我的手上除了注射宮縮藥外，還打著抗生素。打抗生素時血管會有明顯的刺痛感，我好累好累，不想再注射任何與醫療相關的任何東西了。

我問護理師：「能否讓我休息一下？」

其實我的意思是，我想要停藥。

「如果這個位置會感到不舒服，還是我們換個地方打呢？」護理師還是那樣的溫柔，我知道她也是為我好。

我還是拒絕了重新埋針，無奈也無聲的繼續忍耐。

夜裡，護理師又進到了病房，她告訴我，必須再抽兩管血來確認我的發炎指數有沒有下降。

我的內心無比反抗，卻已經沒有力氣再多說什麼，我像是對這個世界再也沒有任何指望一樣，任由上天要怎麼折磨了。

護理師在我真的已經找不到血管的雙手上，好不容易找到了還可以扎針的地方。

抽完血後，我靜靜躺在床上流淚，我想告訴自己不要再哭泣了，可是越是這樣告訴自己，我的心就感到越麻、越酸，像是團麵球一樣皺在一起，我想把它揉開，卻怎麼樣也揉不開。

凌晨四點，護理師又進來了一次，原來是剛剛有一管血抽取失敗，必須再扎針重抽一次。

我沒有回話，只是無聲的放任眼淚留下，在心底發出只有自己聽得見的抗議。我把手伸了出去，將頭撇向了另一側，迴避護理師的眼睛，全身癱軟的接受挨針。

在又被扎了一針之後，我終於澈澈底底的，放棄繼續走在懸崖邊上了，不如讓我就這樣墜落吧。

我到這時才知道，過去幾個月裡我能忍受的所有治療跟打針，都是因為蛋黃酥還在我的肚子裡，當他離開了，就再也沒有任何能支撐我走下去的動力了。

我不願意再多住院一分鐘，也不願再被打任何一針、做任何醫療，那些對我來說都沒有意義了，做再多努力，蛋黃酥也不在了。

看了看時鐘，已經清晨五點，我還是無法入眠，想著手機裡那上百封還沒打開的親友訊息，全都還停留在懷孕的祝福裡。

還有那些好友們不顧我們婉拒，仍要送來給我補血的櫻桃、我喜歡的餅乾甜點、孕婦抱枕、無數個註生娘娘的平安符，跟在我住院期間到了開花季的小手毯……塞滿了我的病房，面對那些無以回報的祝福，我覺得自己辜負了大家的期待，又崩潰了。

我哭到幾乎無法呼吸的程度，需要大喊睡著的寶寶哥來救我，我才能再緩過來。

天亮了，我想嘗試睡一覺。

可我才準備往右側躺，將我的右耳放在枕頭上，卻聽見從樓下傳來的敲打聲！「咚咚咚」，應該是醫院樓下正在裝修吧，看來這下我還是沒得睡了。

上午，趁著醫師過來巡房，我開口要了退奶藥。

「是開始有了漲奶的感覺嗎？」醫生問。

「嗯。」我說了謊。

醫師想幫我摸看看，我趕緊拒絕了。

我無法開口解釋，也無法告訴在場的所有人，此刻的我有多不希望自己身上再出現任何一丁點產後媽媽的身體才會有的反應，因為我已經不是媽媽了，我生完了孩子，但我卻沒有孩子。

我也拜託醫生讓我出院。

「我們再多等一天好嗎？」醫生維持她一慣的溫柔對我說。她希望再多觀察一天，確認我的發炎指數都下降了再讓我回家。

當我想再開口拜託醫生一次時，卻怎麼樣也發不出聲音。

我整個人就快被那股強烈的傷痛感給吞噬，我躺在床上趕緊用被子蒙住我的臉，在被子裡頭泣不成聲。

我真的好想回家。

醫生靜靜的站在一旁，我能感受到她將手放在我的被子上，我知道那是她無聲的安慰。

最後醫生還是同意了，也開了退奶藥給我，並叮囑我在感到漲奶不舒服時再吃，可我沒有聽進去，拿到藥的當下我就吃了。

我想避開任何可能，我怕自己承受不了。

Part 3

擁抱無可救藥的樂觀

1. 我終於回家了

各種難以承受的崩潰

辦理完出院手續，踏出醫院的第一步，我感到恍如隔世。

走進來的時候，我的身體裡是有著兩個心跳的，但現在要離開醫院了，卻只剩下我一個人的心跳聲。

突然一陣冷風吹過來，我瞇著雙眼看向天空，「啊，原來這是外面的氣溫啊？」我也已經很久沒有感受到了。

回到家，看見媽媽已經在家裡頭等我。

她把我家打掃得很乾淨，也幫我換了整組的新床單，溫暖的迎接我回家。看見媽媽時我有忍住不哭，但走到房間裡，看見床頭櫃上多了兩隻小老虎娃娃，我才想起……

啊，那是我在住院前的某次回娘家，看見哥哥幫他女兒買的新年禮物，就是這隻虎年娃娃！

我當時只是隨口吵鬧了一下，說我也想要一隻虎年娃娃來代表虎年出生的蛋黃酥。想不到哥哥真的買了，在我住院時放到我家，可能是想讓小老虎們等候我們回家吧，只是沒想到當我回家時，沒能把蛋黃酥一起帶回來，看到那兩隻小老虎娃娃，我跪在床邊崩潰了。

小老虎的崩潰結束後，我轉身隨即又發現房間裡多了一台電視。

啊，對！

因為我孕期常常在客廳裡看電視看到睡著，可醒來後走到房間又睡不著了，是說原本睡不著也是不打緊的，只是我的懷孕過程太不舒服，醒著的時間都在受折磨，如果睡不著，就只能一直忍著不舒服到天亮。所以寶寶哥買了一台新電視，想讓我之後都在房間裡看，看到睡著就能一路睡到天明不用再叫醒我了。

這台電視是在我住院期間安裝的，原是等著我出院以後回家可以看，用來陪伴我後面的孕程的。

當發現房間裡的擺設又多了一個因為蛋黃酥而有的改變，我又崩潰了一次。

最後為了讓自己冷靜一點，我離開房間，想到浴室裡洗一個久違的熱水澡。結果走進浴室，他媽的又看見我在住院期間給自己網購訂的，以後洗澡都要用來坐著洗的檜木椅就放在那裡！

淦拎娘勒我在浴室又崩潰到不能自己。

回家後的我，就這樣一直崩潰、不斷的崩潰。

我哭到自己都快認不出自己。

前一晚在醫院，走進浴室時我看到鏡中的自己，問陪我走進廁所的寶寶哥：「你認得出這個人是誰嗎？」因為我真的認不出那個是我自己，我的確哭到完全變成了另一個人。

我一天時間就哭掉自己五年內流過的眼淚總和了吧。

我將那台寶妮寄來給我，還沒來得及拆箱的胎心音機，完好的收進儲藏櫃裡。也讓媽媽把哥哥送的兩隻虎年娃娃帶回去，更把所有會讓我想起蛋黃酥的東西都收了起來。

看著各家母嬰品牌寄來的那一箱箱孕婦、寶寶用品，我也都在一一去信致歉後退了回去。

「晴晴，能幫我用最快的速度將這些東西都送回去嗎？最快的那種。」

我無法再看見與孩子有關的一切物品，那會一再提醒我，我是一個媽媽，但我沒有了孩子。

謝謝你的照顧

回到家後發現貓咪們也有點不一樣了，或許是我也不曾消失過這麼久的緣故吧，牠們全都變得對我很親近。

晚上睡覺時，四隻貓咪竟一次全爬上床來圍繞著我！

牠們已經非常久不曾四隻一起和平又團結的在床上陪睡了，卻在這天像是講好了一樣，陪我安穩的睡到天亮。

回家後的我，依然每天都會哭，失去孩子的痛，世上沒有言語可以形容。那個曾經如此不喜歡小孩的我，在這個過程裡才發現，原來自己有多麼想要孩子！

照三餐送到府的月子餐很香，但我卻沒胃口，聞到煲湯的香味就流淚。寶寶哥見我一直哭，說：「老婆，不要難過，以後我們不要做試管了，我們自然懷孕試試看。」這句話在我引產後，他在醫院裡也說過一次。

我躺在床上，想起我的肚子裡已經空無一物，把自己埋在棉被裡放聲大哭。

我的眼前看不清任何東西，哭到發不出聲音，寶寶哥過來拍拍我的胸口好讓我喘得過氣，他說：「老婆，我們以後可以再自然懷孕試試看呀！不要一直哭了，對眼睛不好。」

這是他第三次提到自然懷孕。

我這才問他：「你是不是也發現自己很想要孩子了？」

他沉默了許久……

「嗯。」

結婚的這六年，寶寶哥從沒主動表達過他想要孩子，我也一直以為孩子對他來說是可有可無的。

某天媽媽告訴我：「妳知道妳老公有多想要小孩嗎？」

「我不知道，我每次問他，他都說看我。」

「寶貝，妳錯了！妳都不知道，他陪妳去產檢，第一次照到心跳的時候，他特地回家來模仿給我看，他跟我說，媽！那個心跳咚咚咚的耶！」我媽手舞足蹈的還原給我看。

寶寶哥是個木訥寡言的人，有些喜悅，媽媽口中形容的，甚至是我沒有見過的他。

想起我還在醫院裡時，寶寶哥曾特地到竹蓮寺的註生娘娘面前，跪在地上向祂祈求能讓我平安順產。

我懷孕的這一路來，他不辭辛勞的照顧我，我也很慶幸自己即使整個孕期都很不舒服，但也不知曾幾何時被磨掉了原廠脾氣，竟也不曾對他不耐煩過一句。

回想起來，這些年在他的影響之下，我也真是改變了很多呢！變得更柔軟，也更能擁抱生活的不順遂。

我真的很謝謝他照顧我！

畢竟這世上沒有誰對誰好是應該的。

突然想起了一件好笑的事。

在被告知需要引產，並且很快就被推進產房做準備的那一個凌晨，他站在床邊握著我的手，我當下除了想著媽媽的那句「事情遇到了就要面對」之外，我還想著懷孕期間我老公比我還重規矩，不僅不讓我剪指甲（弄得我指甲長得跟殭屍一樣），也不讓我吃任何生菜沙拉，害我去吃韓式烤肉跟買 Subway 時感到生無可戀。

於是我看著站在我身旁的寶寶哥，對他說：「老公，等我出院以後，我馬上要去吃沙拉。」

怎知他一聽，臉色大變！瞬間就垮下了臉。

他用非常嚴肅又有點憤怒的語氣問我：「老婆，妳為什麼要這樣！」

我嚇了一跳，心想怎麼了嗎？老子他媽現在遇上了這麼倒霉的事，出院後想吃點沙拉又怎麼了嗎？

我小心翼翼的回：「呃，我除了吃沙拉，我、我也會想吃生魚片，呃，可以嗎？」

只見寶寶哥眉頭突然鬆開了，說：「哦！可以啊！可以。」

我更一頭霧水了！趕緊問他剛剛是怎麼了？

他才說：「我一開始聽錯了，我聽成妳出院以後馬上要去自殺，嚇死我了。」幹我才被你嚇死吧。

2. 每個人的世界都會下雨

是你還是妳

在離開醫院前，寶寶哥特地問了醫生：「孩子生出來以後，有看出性別嗎？」因為直到最後一次照超音波，都還是沒能照出性別。

可惜醫生說，太小了，還是看不出來。

我後來想起，蛋黃酥是我在做試管時，特地送檢 PGS（著床前染色體篩檢）過的胚胎，這個檢驗主要是做染色體套數的檢查，只是檢驗過程中會一併得知胚胎的性別。

醫生一般是不會告知胚胎性別的，而我在做胚胎植入時，也有刻意提醒過診所務必不能不小心讓我知道性別，因為對我們來說男女都好，我們想交給上天決定，等待命運給予的驚喜。

但直到蛋黃酥離開，我們都沒有機會知道他是男是女，心裡不免遺憾，所以我聯繫了之前的不孕症診所，把我的情況告訴了他們，希望他們可以成全我，讓我知道蛋黃酥是男生還是女生。

「她跟妳是一樣的性別喔。」電話那頭傳來了這樣的答覆。

我熱淚盈眶，連聲道出我的感謝……

一聲謝謝對方、一聲謝謝上蒼，最後一聲，謝謝這個小女孩，選擇來當我的孩子。

安靜就是最好的陪伴

「我會好起來嗎？」是我不斷、不斷問自己的問題。

「我也不知道啊。」是我不斷、不斷給自己的回答。

引產後我沒辦法見到任何人，我害怕人們看我的眼神，甚至預設了所有人看見我的心裡感受，可能會想同情我，又或是質疑我的生育能力。

「我會不會永遠就這樣把自己給關起來？我還敢踏出家門、見到朋友們嗎？」我真的不知道。

後來有那麼一小段時間，我都聽不進任何指教。

「妳趕快去掛免疫科，看看會不會是免疫的問題。」

「這種就是自然淘汰，不用太放在心上，懷孕的人都有五分之一的機率會遇到的。」

「或許上天就是有任務要交給妳，才會選了妳。」

「妳還年輕，下一個很快就會回來了。」

明知所有人都沒有惡意，但就是很難聽得進去。

我總在心裡頭回嘴。

「你懂什麼！我早就做過全套的免疫血液檢測了。」

「你胡說！我的週數早就超過自然淘汰的週數了。」

引產後的我，內心就像塊薄薄的玻璃，脆弱得無力反擊且一碰就碎。只能在內心輕輕的拍拍自己的心，再小聲的對自己說：「不要去在意，大家都不是故意的。」

是啊，真的沒有人是故意的。只是這個世界太少人告訴大家，該如何陪伴失去孩子的人。

身旁的人總說錯話，卻不知道自己錯在了哪裡。
而當事人總被刺傷，可明明知道誰都沒有惡意。
請不要檢討已經遭遇不幸的人，也不需要提出建議，其實，什麼都不用多講，靜靜的陪伴，就已是一種很好的方式了。

原來我不是一個人

從還在醫院時，四面八方的朋友們就分別送來了很多關懷，我收到了好多個平安符，還有吃不完的水果、白木耳、蛋糕等。
大家在得知我引產後，也都陸續想辦法在不打擾我的情況下送暖給我。
我收到了很多懷孕時期連我自己都捨不得買的補品，還有平時不接受外帶的餐廳，朋友也想辦法弄來了外帶送到我家給我吃。
某天，前同事在我家門口放了一束花，她在卡片上頭寫著：「每個人的世界都會下雨，願這一把小花傘靜靜陪著妳。」那句話深深刻印在了我的心上。

是呀，每個人的世界都會下雨……

在我的世界下雨時，有很多朋友都靜靜的、遠遠的陪著我，我真的很感謝大家這樣照顧我。也有很多未曾見過面的網友，私信給我打氣，更多的是那些跟我分享相同經歷的人。

雖然我先前就已爬過網上的文章，網上也有許多媽媽們寫下自己未能順利產下孩子的故事。但沒寫出來的媽媽更多，我在那段時間裡收到了無數封跟我分享自己故事的訊息。那些故事與鼓勵，也成為我重新站起來很大的動力！

我真正開始逐漸對好起來感到有信心，就是從大家跟我分享自己的故事開始的。那些故事讓我知道，自己經歷的並不是這世上沒有人經歷過的，更不是沒有人懂我。透過大家的分享，我才長出了一些信心，相信終有一天我會從這個黑暗中再站起來。

3. 引產後的身體狀況出乎預料

頭痛欲裂與耳鳴

我實在沒料到，本來以為週數不大，引產應該不至於會影響身體太多，結果是大錯特錯。

還記得引產完的隔天清晨，我躺在醫院裡想睡一覺，往右側躺時，將我的右耳放在枕頭上，卻聽見了從樓下傳來的敲打聲「咚咚咚」，我當時以為那是醫院樓下在裝修。

可當我回到自己家的第一天晚上，睡覺時我又聽見了那個「咚咚咚」的聲音！我馬上坐起身來，那個聲音卻不見了，當我將右耳再次貼到枕頭上，又再聽見那個聲音，這次我很肯定，我家樓下沒有人在裝修。

我搞不清楚那是怎麼回事，但算了，隨便吧。

即便是小週數引產，我一樣宮縮了好幾天腹部才復原，用力時才不會痛！

因為失血太多，離開醫院時我的血紅素很低，補鐵劑又沒這麼快，時常起身就貧血頭暈。

且不知為何，我的頭開始變得好痛、好痛。

那是種我從來沒有體會過的痛，像是有條裂縫從我的後腦裂開，痛起來時我整個人是無法行走的，我每輕輕移動一下，就會感覺自己的腦袋像是被一萬把斧頭同時亂砍一樣，痛得我必須暫時停止呼吸，身體不敢有一點點的動靜。

有時是站起來會突然發作，有時是平躺下來時才會發生，我找不到它發作的脈絡。

每一次痛起來，都會使我很擔心自己是不是下一秒就要中風了？這會是中風的前兆嗎？還是我會不會腦溢血了？或是血栓？各種可能都在我心裡想過了一百遍。

才回家坐月子不到十天，我就因為頭太痛，痛到掛了兩次神經外科，也看了兩三個神經內科醫生，但都找不到原因。

回到婦產科看診，醫生也只能告訴我或許是休息不夠，開了肌肉鬆弛劑與止痛藥給我。

但那股疼痛感是連吞好幾顆止痛藥都止不住的，我簡直快瘋了。

世上只有媽媽好

坐月子期間，深深感到沒有媽媽我真的不行。

一直以為自己很勇健，不需要完全按照古法坐月子的我，由於引產後的身體狀況太差，媽媽決定遵照古法。

不得不說，坐月子的有些眉角還真的是很神祕！

媽媽每天都幫我現煮大風草，煮完後再一桶一桶的扛去倒在浴缸裡！也因她堅持不讓我碰到生水，所以100％沸騰滾燙的大風草也不能加入生水冷卻，一定要在浴缸裡變溫熱了再馬上去洗。

她說，她以前坐月子也沒有那麼講究，只是因為我這次整個人都太不舒服了，她也覺得不對勁，才想說全部按照古法來做，可能會有幫助。

我必須再一次謝謝我的媽媽！

我說紫菜有豐富鐵質、番茄也能幫助鐵吸收，她馬上變出了兩道紫菜料理跟番茄炒蛋；我告訴她豬血好像也能補血，然後家裡餐桌上就馬上出現豬血湯了！

謝謝媽媽，孩子是我自己要生的，卻連累媽媽一起受苦！果然啊，孩子生出來就是來討債的（我是說我）！

在這世上，只有媽媽的愛是永遠的，不是那種會昇華的鬼東西。

樂觀或許真的是內建的吧，我慢慢開始會開玩笑了！

媽媽在幫我擦澡時，我用很同情的語氣跟她說：「做媽媽怎麼這麼操勞啊？我活到老妳就要做到老耶，那想一想，或許我這樣算是好命吧。」

（母女相視而笑）

縱使元氣大傷，我們還是擁抱了無可救藥的樂觀！

懷孕是對體質狀況的總驗收

以前就聽過人說：「懷孕，就是一次對身體的總驗收。」當時不理解這句話的意思，懷了一次孕我就明白了。

孕期間的種種磨難就不再說了，引產後我的身體更是接二連三的引來了更多災難！

我的頭持續很痛。

但更悲劇的是，在引產兩週後，我的脖子有天突然就不能動了。

我的肩頸也開始劇痛，我嘗試看了復健科、物理治療、針灸、整脊，都沒用。醫生們都說，我的後頸僵硬再往上延伸出劇烈的後腦抽痛，可能是長期姿勢不良加上產後荷爾蒙兩者相加的影響。

有位醫生更曾特別提到，產後荷爾蒙影響最嚴重的情況就會是血栓，我聽到當場腿軟，我還不想跟這個世界告別耶……但因醫生判斷我還沒有明顯的血栓病徵，所以也只能先回家吃藥觀察。

在坐月子期間，我的神經沒有一刻放鬆，因為我真的好擔心自己的身體狀況。我也沒辦法好好的休息，三天兩頭就要跑醫院檢查身體、等診、拿藥。

當時我還真的做了一些心理準備，覺得自己隨時有可能突然哪條腦神經斷裂就這樣離開人間。那段日子，真的不好熬。

4. 送走蛋黃酥

為妳挑的禮物

媽媽說，在元宵節以前都還算是過年，所以不能在這段時間內將蛋黃酥送走，必須等到過年後，所以我們安排了元宵節的隔一週才將她羽化。

我還沒有去買要送給蛋黃酥的玩具，就先收到小姑準備給她的禮物了！是一隻兔子娃娃。

我已經有很多天刻意忍住，不讓自己哭泣，因為我前面哭太多了，現在只要一哭頭就會更痛，但在看到娃娃的當下還是忍不住了……這麼可愛的兔娃娃，大概也是蛋黃酥會喜歡的吧！

隔了幾天，我也去幫蛋黃酥挑選衣服跟玩具了，希望能讓她帶著回去天堂，向其他小天使們炫耀。

我拿了一個蛋黃色的奶嘴給她。

家裡的貓端正坐著時，長得都很像貓頭鷹，所以拿了一件印有貓頭鷹的包衣，是代替家裡的貓哥哥姊姊送的。

爸爸拿了一個裡頭有手套、紗布衣、褲子與包巾的有機棉禮盒，那是當中最貴的，也符合爸爸送禮時什麼都喜歡買最貴的性格。

最後，我們因為不知道天堂有沒有疫情，又拿了一個跟她生肖一樣的小老虎口罩。

第一次逛母嬰用品店，原本還想好好仔細逛逛，但聽著店裡放的兒歌跟滿屋子可愛我卻帶不回的娃娃用品，進去才沒五分鐘，我又忍不住泣不成聲……

寶寶哥想讓我先離開上車等候，但我還是忍著把東西挑完了，因為媽媽不放心爸爸的眼光，還是自己挑安全一點。

也果然，爸爸差點拿了一件爆醜的衣服，好在被我給擋下了。

5. 媽媽失去的那個孩子

會有過去的那天嗎？

我的小哥哥，大我八歲，在他十五歲、我七歲的那年，因病離世。

他被檢查出有腦瘤，比較沒那麼幸運的是，他的腦瘤並不是良性的。

回憶起他被送進林口長庚的那一天……

「我也沒想到，這一進去，就再也沒出來了。」媽媽這麼說。

他在開完腦部手術後沒多久，胸腔部位發現了新的問題，緊急又再做了一次胸腔手術。

那一次的胸腔手術，造成他的身上有一道很粗、很長的疤痕，一路從背部橫跨到身體的正面，整個背部幾乎切了一半。也因為這場手術，影響到後續的腦部治療，需要等待傷口復原才能進行化療，拖延了一些時間。當時小哥哥的病情，一次就需要六個醫師同時會診，腦科、內科、外科、胸腔科、血液科、放射科。

「那時候在病房，只要聽見醫生的腳步聲，我就全身起雞皮疙瘩，因為不知道醫生這次進來又會宣判什麼。」

時隔了快三十年，我見媽媽冷靜敘述這一切，忍不住問：「媽，失去孩子的痛，會有過去的一天嗎？」

「有時候想到還是會哭啊！」

「那媽媽，我走得出來嗎？」

「寶貝，人的生命啊，如果要說苦的話，一出生就苦。妳看小孩子為什麼呱呱墜地時就大聲哭？因為人到這世上本就是來受苦的呀，而我們現在活著，也知道將來就是走向死亡，可為什麼我們還是要那麼努力的活著？既然來了一趟，就不要那麼悲情，開心是一天，不開心也是一天。」

媽媽用她的智慧試著療癒我。

這時媽媽像是想起了什麼……

「當年妳說妳不要念華岡藝校了，我去學校幫妳辦轉學手續的那一天，妳的同學跟我說：『阿姨，妳不能總這樣寵著她吧！難道她以後想要什麼妳都要這樣答應她嗎？』妳還記得嗎？」她突然這樣問。

「我不記得了耶。」

「我當時笑而未答啊，但其實我心裡想的很簡單，我已經失去一個孩子了，我不能再失去第二個。」

媽媽停了一會，繼續說。「如果我不讓妳回來，哪天妳要是想不開，我會無法原諒我自己。」相隔了二十年，媽媽才告訴我當年她為什麼會同意把我從台北接回家去。

媽媽，謝謝妳跟爸爸不顧別人怎麼看，不顧那些你們是否太寵溺孩子的閒言碎語。

「那時候我要把車子駛離學校前，還問妳要不要再看看這學校最後一眼。妳當時只問我爸爸有生氣嗎？我說沒有，結果妳就說『等我以後長大了，一定會賺很多錢來彌補你們的』妳還記得嗎？」媽媽像是在扒我的黑歷史那樣，一邊說一邊笑。

「我嗎？我說了那樣的話嗎？我真的完全不記得了耶！我真的說過嗎？」對自己說過了什麼話完全不記得的我。

「哈哈哈，是啊，妳真的說了那樣的話！」

媽媽喝了一口茶，繼續說：「而且，我的那個寶貝女兒啊，後來也真的實現了她當初說的那句話。」

看著眼前這個女人，我心裡都不禁想：「媽媽，妳究竟是如何走過喪子傷痛的呀？」如今的妳已能笑談往事，但在最開始的時候呢？妳究竟是怎麼走過來的？

比後悔更好的回答

那段時間我也總在思考生命的議題。

既然這世上沒有誰一定會陪誰走到最後，生了孩子就有失去孩子的風險，為什麼大家卻還是一樣勇敢的生孩子，我心底有十萬個為什麼。

那段時間我也總是不停問著身邊一個個做了媽媽的人：「妳們後悔生孩子嗎？」我正在博一個能聽到一聲後悔的機率，好讓自己覺得沒有孩子也是一件幸事。

我的朋友們大多是對自己也很客觀的人，她們總是在說完「擁有孩子還是很幸福」之後，再跟我分享一些很真實的煩惱。

「我懷孕時的狀況也很多，我當時覺得，大不了就煩惱這十個月，只要撐過去就好了。結果生出來以後才發現，我即將面對的是一輩子都煩惱不完的事。」朋友才剛對我說完不後悔，就立刻跟我分享這份幸福感也正是自己用了某份將被綑綁一生的責任交換來的。

「生了孩子以後，我真實的感覺是我不後悔，但我也願意認真的告訴所有人，如果讓我重來一遍，不生我也絕對不會遺憾。」一個對自己任何選擇都奮戰到底的朋友，是這樣說的。

「做媽媽的不要有太多粉紅泡泡，什麼甜蜜的負擔？負擔就是負擔，用不著在前面加上甜蜜。」我那個比較暗黑的朋友，是這樣說的。

我沒有聽到像是「後悔」的答案，但我聽到了很多比後悔更好的回答。

6.

那些你永遠意想不到的改變

已經開始相信順其自然了

蛋黃酥離開後，我的頭痛、肩頸痛、脖子無法轉動，還有深夜從耳裡傳來的「咚咚」聲都不見好轉，情況還更嚴重了。

除了身體不斷發出的警訊讓我很煩躁外，回診婦產科時也讓我痛苦。等候區裡都是大著肚子的孕婦，好似只有我是為了失去孩子來回診的。

在我住院的醫院裡，有個很有名的婦產科醫生，他的爽朗是出了名的，每個孕婦進到他的診間，他的第一句招呼問候語都是：「怎麼樣？還好嗎？」

雖然他不是我的主治醫生，但每次在等候區等待看診，我都能聽見其他孕婦走進他診間時，從裡面傳來的那一聲：「怎麼樣？還好嗎？」

引產後的第一次回診，我坐在等候區等待看診，又聽見了從診間裡傳來的那一句句：「怎麼樣？還好嗎？」

大概在聽到第七還第八次時，我忍不住在心裡怒吼：「好你媽個逼啦，哪裡好了！」

在心理還沒復原時，要來到一個充滿新生命的地方真的好殘酷。不僅對我來說很殘酷，我對無辜的醫生也很殘酷！（對不起）

「醫生，引產後妳將胎盤拿去化驗的結果出來了嗎？」我回診時不忘問醫生。

「嗯，是感染引起的。」醫生有特別說明是哪一種感染，但我聽完就不記得了。

我想，或許誰都想不到，最後孩子的離開竟不是因為最初的白血球指數、也不是因為孕期的不斷出血，竟是因為引產那天十二個小時內發生的感染。

我說老天爺啊，祢究竟有多想讓我知道，人生就是會有那些我永遠不可能準備好的事呢？希望祢能知道，我現在已經開始相信順其自然了，也不再凡事都要規畫好了。

希望下一次，祢能讓我順利一點。

原來從沒放膽活過

當生命的重拳打在肉做的心上，或許是上天想給我重塑的機會。

一個月的時間過得不算快，但也不算慢，眼看月子就快做完了，我也得準備回到職場了。

短短的幾個月裡，我與生離死別有過許多次很靠近的時刻。

第一個是前一年的十一月，某天我們無預警的失去了一位很親近的家人，那一個夜晚在心上遭受的撞擊，我不敢說那股震動到今天停止了沒有。

第二個是我自己的孩子，也不過就在十二個小時之間，在醫生口中從一切都很好，到突然宣告必須引產告別，一個生命，說沒了就這樣沒了。

第三個是我自己，在坐月子期間，醫生提醒我要注意頭痛欲裂可能來自產後荷爾蒙引起的血栓，我有好幾度在後腦抽痛到全身動彈不得時，不知道自己的腦袋會不會有哪根神經在下一秒突然啪的斷掉而撒手人寰。

加上從孕期的數次出血到產程中的血崩，都給我帶來了太深的陰影，以致我一直擔心自己還會遇上在產後六週內都有可能發生的產後大失血，隨時可能致命的畫面總時不時在我腦海中閃過，至今我都還沒有辦法放輕鬆的如廁，就怕衛生紙一擦，看見的又會是鮮紅色。

這些生命給我的重拳，一記一記的用力打在我肉做的心上。

我或許很幸運，過去的我很少經歷生離死別，然而卻在短短的四個月裡，多次感受到自己與它如此靠近。

就在我認知到人的生命是這般脆弱，誰都不曉得誰下一秒會走以後，我的想法有了很大的轉變。

我在這段因引產及坐月子而不得不放下工作的四十五天裡，看見了過去的我之所以那麼喜歡工作，除了工作對我來說很快樂外，另一個原因大概是……

除了工作以外我什麼都不會啊，我是個不懂生活的人，所以當然只好一直工作。

就在我感到生命無常的此刻，才驚覺人這一生這麼短暫，我都活了三十幾年卻沒認真練習如何過生活，甚至還總是在體驗生活的過程中，因放下工作而感到很深的罪惡感，以致從沒澈底放膽活過！

直到這四十五天，我才更看清楚自己把人生活成了什麼樣貌。回想過去這三十三年，我一直都在追求滿足他人的期待！

我想當父母期望中的孩子、當朋友眼中感到驕傲的人脈、當先生心中最契合的伴侶、當員工職涯裡遇見的最佳老闆等，卻從來沒問過自己，我想當自己心中最如何的樣子。

如果我明天就突然離世了，會不會後悔沒有嘗試去做自己最自在、最喜歡的樣子？

現在起，可能就是我重新練習生活的開始。

重新練習生活

至於什麼是生活？我還不是很清晰。

但我之前捨不得去住的虹夕諾雅谷關，我已經打開了訂房網站。

我心心念念了很久，始終沒有出發的那些旅行，過去都因為我總認定自己無論走到哪裡心裡都放不下工作，去哪都是白去，最後就都待在了家裡，可我希望它們接下來能一一成行。

我想去看一次太魯閣的風景，我不想進度永遠只停在IG的珍藏裡，而是能親眼見到它們。

我沒去過涵碧樓（好啦很多人也沒去過），但我戶頭裡存了這麼多錢，沒住過涵碧樓合理嗎？不合理啊！何況我已經想去想了很多年了。

我內心也終於逐漸接受露營了，一堆好朋友都在露營，我嘴上說著想跟他們一起去，創造更多大家在一起的回憶，結果我還是每次都在抱怨夏天太熱、冬天太冷推託不去，我之後會去了。

我想吃的餐廳很多，但我總因為擔心工作行程不定，放棄了所有需要提前很久預約的餐廳！可我終於動身準備去訂那間要等很久、但我最想吃的日本料理，即使到時候跟工作撞期，我也會叫工作滾一邊去。

我家有一架史坦威鋼琴，因疫情停課後，已經快一年沒有約老師上過課了。我就這樣浪費了一架史坦威，我準備重拾朗樂的名號（我自詡為郎朗的妹妹），我跟周杰倫一樣熱愛音樂。

我的車庫還少一輛車，但我面對那輛獨缺的 G-Car 還在躊躇不前，這陣子我總是不知道自己活不活得過明天，我已決定出關後就去訂車，也不打算管爸媽反不反對。

釋放真實的自己

我不再遮掩任何真實在我生活中展開的事情。

真正的我是更奔放的（不是指裸露的部分），我向來有很多想說的話，以前偽善不敢說；我有很多想真實記錄跟分享的片刻，也因為擔心陌生人的嘴而有所顧忌。但我開始練習朝向最真實的自己靠近，不想在生命終止的那一天有太多遺憾。

我也曾經是個凡事都要規畫好的人，包括生孩子的時間、月分，當所有人都告訴我：「有些事情妳是永遠不可能準備好的。」我還是鐵齒不相信，我認為只是那些人不懂得如何規畫人生而已。

結果現實就這麼重重的賞了我的自以為是一巴掌，它告訴我人算終究敵不過天算，這是「生活」教會我的第一課。

之前為了心儀的月子中心、二十四小時的月嫂跟褓母，存下的那筆錢現在也沒機會照規畫來花了，我打算要將這筆錢拿去吃喝玩樂！因為即使以後仍有機會再用到這筆錢，我也不再事先規畫了。

曾經我是多麼的規畫派，可這一趟我學會人生有太多無法規畫的事了。甚至一個生命說沒有就沒有了，我規畫存了那麼多錢又如何？我自己也一樣有可能明天說走就走了。那為何不讓自己過得更真實些呢？

7. 向過去的自己告別

花光了事前存的預備金

月子坐滿出關的那一天，我跟寶寶哥選擇去了一趟台中，進行三天兩夜的小旅行。

台中，是我最喜歡的城市。那裡有著我最喜歡的朋友、我喜歡的大馬路、大餐廳，以及剛剛好的步調。

抵達台中後，朋友們第一時間已在台中迎接我，帶我吃了我懷念已久的美食、晚上還帶我去唱歌。

原以為自己經過一個月的休養跟調適，應該可以用比較輕鬆愉快的心情面對朋友了，可結果總跟想像還是有些差距。

那晚在 KTV 裡……

「可惜不是你，陪我到最後，曾一起走卻走失那路口。」唱到副歌的第一句就再也忍不住了。

第二首也沒多好：「誰的青春沒有淺淺的瘀青，誰的傷心能不留胎記，誰的一見鍾情不刻骨銘心，誰能任性不認命。」我的眼前還是一片模糊，最後還是別人替我唱完的。

是啊，誰的青春沒有淺淺的瘀青，誰的傷心能不留胎記？

我想向那個曾經不相信順其自然、凡事都要有所規畫的自己告別！

過去的我太倔強了，這一趟孕程也是我探索自己與更認識自己的過程，有些事，我應該學會放過自己一點，也該接受命運裡有些事情就讓它順其自然吧。

我能留下些什麼？

這一趟旅行，我也將那筆自己事前存好、未來要留給生孩子用的錢，在一天之內全花完了。

那天晚上，我躺在飯店的床上想著……

我是個很相信生命裡發生的每件事都是有原因的人，是不是這一趟真有什麼上天想告訴我的？

我懷孕時遇到的種種狀況，讓我發現自己的身體並不好，或許是過去十幾年工作下來身體過度操勞的關係。且也習慣把公事放在私事前面，並將自己擺在任何考慮的最後排序。這幾次的靠近生死，讓我看見人的生命有多脆弱，那些努力工作換來的成果如果沒有去享受它，人哪天說走就走了，人生不就白忙了一場？

我除了得好好的對待自己，更是非常感恩自己還能夠活著，深信上天讓我在鬼門關前走了一回又把我給退回來，一定是有希望我能領悟的事。

而那段時間有很多人在我需要時向我伸出援手、接住了我，也讓我想起英國作家 Albert Pine 曾說過：「為自己做的都會隨著死去而消逝，為他人和世界所做的將會延續而不朽。」

於是我在心裡許下了一個小願望，只要我還能夠擁有健康的身體、還能夠靠雙手打拚，往後我不僅要待自己好，更希望有能力去照顧這世上更多的兒童與家庭。

在我離開台中回到職場後，我做的第一件事就是尋找台灣所有與兒童相關的基金會，最終選定了「罕見疾病基金會」作為我長期捐款的單位。

渴望再擁有孩子

從不喜歡孩子到開始備孕、最後懷上孩子。

我曾嘗試問自己：「我該如何確定我想生孩子不是迫於身體年齡所逼？」但我始終找不到答案。是蛋黃酥讓我知道的，知道我原來是真的想要孩子的。

引產後我有一段時間失心瘋的非常渴望馬上再懷孕，明知自己身體狀況並不允許，可是那種渴望好難克制。

那種感覺跟我們失去了某樣東西後，往往會想要馬上再要回來的感受不一樣。更接近一點的形容比較像是……爸爸、媽媽這個角色，是世上少有的、不可逆的角色。

一旦你成為了爸爸、媽媽，你這一生就是爸爸跟媽媽了，縱使沒有了孩子，這個角色仍然是。

那不像今天我是個學生，只要我不想，明天我就可以不是；今天我是某間企業的老闆，只要我不想，明天我也可以不是；今天我還是某個人的老婆，只要我不想，明天一樣可以不是。

世上很多角色都是可以變換的，但爸媽這個角色卻不是。

我已經體會了什麼是做媽媽的感覺，也真的做了一次媽媽，即使孩子沒了，我一樣是媽媽。當自己不可能再回到「不是媽媽」的角色裡，面對孩子沒了，我無比渴望再擁有一個孩子。

那些避免不了的迷信

引產後有陣子我瞞著大家一直在算命。

我想知道我這輩子還會有孩子嗎？可是我很害怕，很怕自己再遇到相同的事情。

有人說我命中再無子女，有人說有。我也不知道自己想聽見什麼樣的回答，就只是失心瘋的一直找人算命。

不過算命也有可能是遺傳。

因為媽媽也去算了命，回來後跟我說我家中的擺設有問題，需要挪動。

要挪就挪吧，我鐵齒的事情已不再那麼多了。這種時候我需要的不是科學上的事實，只要任何可以撫慰我心靈的慰藉都可以。

某天，媽媽還拍來了一張照片，裡頭是媽媽到廟裡替蛋黃酥拔度亡靈的資料。

看著那張粉紅色的字條，我想，她大概已經去到很好的地方了吧，是吧？

某次我在電梯裡遇見了住在樓下的鄰居阿姨，她是個很熱心也一直很照顧我的長輩。她在聽說了我發生的事情後：「妳一定要去安嬰靈，知道嗎？不然那可是會影響運勢的。」

阿姨寫了張字條給我，叫我到紙上的這個地方去做法事，往後每年只需要遙祭，將她放在心中。我收下了那張紙條，但我沒有前往紙上寫的那個地方。

那張紙的心意，被我牢牢的收下了，我知道那是阿姨給我的一份祝福。

8. 回到職場

引產後過了一個月，我終於，回到工作崗位了。

回公司上班的第一天，心裡有些忐忑，我把自己整理得很好才踏出家門。

一進辦公室，我在辦公桌上收到了一束同事庭歡送給我的花，跟溫馨的小卡片。

同事們都很貼心，沒有刻意的安慰、沒有刻意的眼神交流，大家讓一切都回到像是我不曾離開過一樣，一切如常。

「妳不在的這段時間，大家怕打擾你，雖然都沒有訊息妳，可所有人的關心都到了我這。」晴晴見著我就說道。

「替我謝謝大家吧，這樣無聲的陪伴，對我就是最好的了。」

某天早上在電梯裡，我遇見辦公大樓的管理主任，他一如往常的爽朗。

「欸？何小姐，好久不見耶，恭喜啊！」我向他道謝，收下了他的祝福，我知道他還不曉得發生了什麼事，但我知道他是真心祝福我的。

連續上班幾週後的某個假日，我到公司裡加班，車才剛駛入地下室，就遇見了我的房東。

「欸？何小姐，好久不見耶，恭喜啊！」也不知道他跟大樓的管理主任是不是都有一套對房客的祝福SOP，竟然講出了一樣的祝福台詞。

「房東，謝謝你呀！」搖下車窗的我，也投以房東一個跟他同樣燦爛的笑容。

「嗯？但今天是星期六耶，妳為什麼還來上班？都懷孕了，要多保重身體啊！」房東一直都很照顧我，我也就笑著收下他的關心了。

回到工作狀態後的我，可以感到心理上的復原更快了。

當然我明白不會那麼快就完全康復，但將自己再投入另一件有熱情的事情裡，還是有幫助的。

生活有了其他重心，就不那麼沉浸在悲傷裡了。

後來陸續在與一些合作廠商聯繫時，還是會在電話那頭聽見恭喜，我也都一概收下了這些祝福，謝謝每一個真誠關心我的人。

比起最一開始的玻璃心與不能聽見任何指教，回到職場面對人群以後，幫助了我更快速調適自己。每天我都能看見許多正在為生活忙碌，或者說是自顧不暇的人們。

我知道，在自己世界裡天大的事，在別人的世界裡只能是一粒沙。

我們每個人，都有自己生命裡正在克服的難關與正碰上的課題，都該理解沒有人必須繞著自己的世界轉，更沒有人必須理解誰的悲傷。

9. 身體又來了第二波的反撲

連左耳也開始耳鳴

我不明的頭痛跟肩頸痛，在坐完月子後突然消失了。

可也差不多是在此時，我右耳的「咚咚咚」聲卻開始放大了！每晚夜深人靜，當我將右耳貼在枕頭上時，我都會聽見那彷彿是從樓下傳來的「咚咚」聲。漸漸的，左耳也開始出現了。

查了資料後得知，原來這是一種耳鳴。

「不就是耳鳴嗎？就像搭飛機、游完泳那樣，應該過陣子就會好了吧。」我這樣告訴我自己。

欸？可奇怪！它怎麼越來越大聲了？

那個惱人的聲音，起初只在夜裡安靜得沒半點聲響時才會聽見，但慢慢的，它已經不只是在晚上睡覺，就連白天在環境吵雜的地方我也能聽得一清二楚。

而且我還發現，這個「咚咚咚」的節奏，與我心跳的脈搏是一致的。

這下真的嚴重了！這是脈動式耳鳴。

大部分的耳鳴只有自己聽得見，旁人是聽不到的。可在我最嚴重的時候，我讓寶寶哥貼近我的耳朵聽，竟連他都能聽得見。

我查了所有網上的資料，它形成的原因有很多，不過連旁人都能聽得見的情況，有可能是腦內的血管發生病變，以致血液不通暢，在血液通過血管時需要用力疏通才過得去，也就產生了像是「咻咻咻、咚咚咚」的聲音。

有些資訊指出，這種病情可大可小，沒事就沒事，不過最嚴重的情況，是突然腦溢血死亡！

我跑了很多趟神經內外科、耳鼻喉科。

「耳鳴是很常見的事，做好一輩子跟耳鳴和平相處的打算就行了。」醫生們幾乎都這麼說。

我擔心自己是腦血管異常產生的耳鳴，要求進行電腦斷層或核磁共振，但都被醫生拒絕了，只有一位醫生勉強幫我進行頸部超音波，顯示沒有問題也就讓我回家了。

其餘的醫生幾乎都認為耳鳴很常見，不要大驚小怪。

我也不想大驚小怪，但想起家族病史，小哥哥就是因為腦部疾病離世的，而我不久前也才剛經歷完一段時間不短的腦內劇烈疼痛，要不擔心是不可能的呀。

只能靠安眠藥入睡

好在經過一番努力，我後來掛到了「耳鳴特別診」的權威醫師。他看了我的耳鳴指數後，說我的情況屬於比較危急的一種，幫我安排了電腦斷層。

那段時間我的身心說有多折磨就有多折磨，做完月子後，以為那些伴隨著我出關也一起消失的身體疼痛已經翻篇了，結果竟然還沒有。身體接二連三沒停過的出狀況，我也幾乎將所有可用的時間都用在了跑醫院、等診、看醫生、吃藥，陷進無止盡的疲累裡。

那使我真切的感到人若沒有健康，人生的確就是黑白的！

電腦斷層的結果出來了！

是好消息，報告顯示我的腦血管沒什麼問題。可為何我的耳鳴還是這麼大聲呢？找不到原因。

「真的很多人都是一輩子跟耳鳴相伴的。」醫生這樣安慰我。

我幾乎每兩天就必須跑一次醫院，為我身體的各種問題尋求解答。

耳鳴是件極度折磨人的事，太痛苦了，夜裡我兩隻耳朵裡「咻咻咻、咚咚咚」的音量，最終已經大到我連寶寶哥的打鼾聲都聽不見了。

每天、每天，我都會被耳鳴聲折磨到看見窗簾透進天光，那時我的身體才會因疲累不堪累到睡著，但不久又會再因為耳鳴聲太大聲了被吵醒。

我本來就有因為壓力導致長期睡眠障礙，但我堅持絕對不吃安眠藥，直到這個時候，我終於妥協了，吃了醫生開的安眠藥，不然我無法入睡，也沒有體力做任何事。

快速接受事實

某天回家，我坐在客廳沙發告訴自己：「好吧，認命吧，我就跟這個聲音共存一輩子吧！」反正經歷了這一切以後，也沒什麼是我不能接受的了，上天硬是要你體會的事，再不情願也無法不從啊，不是嗎？

我發現自己還真的蠻會安慰自己的，從無法接受到接受，其實只用了很短的時間。不知道這是來自父母教會我的，還是創業所致，但我想起了幾個小故事。

年紀還很小的時候，某次爸爸開車載著我在一條高速公路上，不小心超速了，在經過一支測速照相機時，就這樣被強烈閃光給閃了一下。

「啊、啊！爸，我們剛剛被照相了啦！」我在車上急得跳腳。

「吼呦，怎麼辦啦！爸，怎麼辦啦！」眼見爸爸沒有回話，我繼續在一旁焦急。

此時爸爸很淡定的說了一句、我到現在都還記得一清二楚的話。

「寶貝啊，事情已經發生了，哪有怎麼辦？就繳罰單囉。」說完，他繼續面不改色的開著車。

不知道是不是所有長大以後的成年人都是這樣的，但對年紀還很小的我來說，當下好崇拜爸爸，這是我第一次學到用面對現實來取代怨天尤人。

長大以後的我再看待這件事嘛，是的，生活裡的確有更多比被照到一張超速罰單還要更麻煩，也更難處理的事，倒也就顯得收到罰單是不足以慌張到跳腳的事。可當年那個在車上的小女孩，瞬間從爸爸身上學到的，是那股能夠一秒對木已成舟之事的冷靜與沉著。

講到這，我又想起了另一段故事。

曾經我遇到一個我原本很喜歡的男孩子，某次我們在夜裡講電話，他正開著車要從台南到新竹。

我們就這樣一路聊呀、聊的，突然間，他因不小心超了速，就這樣被路邊的一支測速照相機給拍了下來。

「啊幹！我剛剛被拍了。」他顯然是被那一道閃光給嚇到了。

「啊？是喔。」我也被他嚇到了。

「吼呦！怎麼會這樣啦！欸！吼呦！」他陷入無限的懊悔中。

「吼呦！」「吼呦！」「吼呦！」

在接下來的通話中，他無限重複著這樣的懊惱，直到抵達目的地。

「就屁點兒大的事，至於嗎？」我當下心裡是這麼想的。

那年我二十二歲，對方印象中是長我幾歲吧，不過那也不重要了，只記得我們後來也很少聯絡了。

創業讓我學到的事

不確定快速接受事實，究竟是誰教會我的。但創業肯定包括其中，那練就了我擁有快速接受事實的技能。

那種「過程歷經千辛萬苦，最後卻徒勞無功」的經驗，在我十幾年的創業過程裡有過好幾回，也正是這些生命中過往累積的養分，才讓我後來有了驚人的轉念能力。

在創業路上，那種花上長時間籌備，成果不如預期的例子不算少，很多時候我們只能快速的接受事實、整理出犯錯的原因，下次避免。

在後續工作行程都排定的狀態下，員工突然提出離職、說明天不做了就不做了的情況也是有的，這種時候也無法糾結什麼過往情分了，把情緒先放到一邊，得快速接受這個事實，趕緊先去處理那些不做就會開天窗的事。

我也遇過一次數千箱的貨品在生產時發生設定錯誤，以致整批貨品不能銷售，全部送去報廢場，親眼盯著怪手壓毀的經驗，那種時候說不懊惱肯定是騙人的，可一樣得快速接受事實，已經血本無歸的那些就不要再去想了只能盡速調度生產線，將無貨可賣的空缺期縮短，才是眼下唯一能止血的方式。

公司也曾經在導入上百萬的系統時，做到一半系統商便開始以各種名義勒索錢財否則罷工，這種時候爭吵也已於事無補，只能快速接受事實，用最快的速度將串接到一半的系統中止資料持續傳送及收尾。（好險這個事件後來打官司打贏了，官司過程中還發現該系統商原來是慣犯，也正在被數個同樣的官司纏身。不過那次我學到了很寶貴的經驗，也不算損失了。）

總之大到頂天般的事有，小到芝麻般的事也有……

那些在創業路上遇過的麻煩事，都幫助了我學會快速接受事實。

擁抱無可救藥的樂觀，我想也是可以練習來的。

10. 一步步走出陰影

不急著逼自己祝福

心裡渴望再有孩子是一回事，而留下的陰影又是另一回事。

引產後，在我內心有很大面積的陰影揮之不去。

我甚至用了許多時間在查詢「怎麼處理引產後的陰影」，想知道怎麼治療自己的身體、自己的心。

過去總聽到，台灣生育率越來越低，我也不曾感覺自己身邊有那麼多人在生孩子。可在那段時間……

打開電視，發現自己喜歡的名人生孩子了。

打開社群，發現自己追蹤的網紅生孩子了、自己的老同學也生孩子了。

怎麼滿街的人都在生孩子啊？

隔沒多久，在我的生活圈裡，也有好朋友傳來剛懷孕的喜訊。

「怎麼辦？我發現我好像失去了祝福別人的能力。我竟然完全不想要祝福對方，我這樣是不是很壞？」我這樣告訴晴晴。

「親愛的，沒事的！這些都是正常的。」晴晴安慰著低落的我。

晴晴告訴我，當年她第一個孩子因為等不到心跳而離開後，她最好的朋友正好也懷孕了，當時她也無法開口祝福對方。

「這一切都會過去的，不用勉強自己，給自己一些時間，妳會回到原本的妳的。」晴晴還是那樣溫暖。

面對這樣不熟悉的自己，心裡的感受好複雜。

我還有失去孩子的痛尚未消化完，突然又像是多了另一個需要再去適應、再去消化的事情，那就是認識一個我好像不認識的自己，讓我感到有些吃不消。

那種感覺是忌妒嗎？我不知道，也不敢肯定。

晴晴說這一切都會過去的，我不會就此變得無法祝福別人、隨意討厭別人，真的是這樣嗎？我也不知道。

但我確實因為這樣，心情又更低落了。

看著懷孕的朋友在聊著懷孕的心情、請教其他已當媽媽的人孕期要注意些什麼，我都好想逃離現場。

也忍不住在心裡回想：「我懷孕時有這樣嗎？有沒有在哪一刻忽略了留意自己身邊正在悲傷的朋友，無心傷害了別人？」

我隱藏了社群裡那些懷孕的、剛生產的朋友與網紅的動態，因為我每看到一次，心裡都難受得要命。

不只是我，寶寶哥也是那個等待心理傷痛復原的人。

某次看中醫，醫生幫寶寶哥把脈後便說：「你心裡有很多心事喔。」

「醫生，把脈連這也能看出來嗎？」我半信半疑。

「不信你回家問問你老公啊。」

回去後我還真問了寶寶哥，他才告訴我。

「我每天、每天晚上，都會夢見我們離開的那個親人，還有蛋黃酥。」

「蛋黃酥小小一個，可是我看不清楚她的臉。」這個夢，寶寶哥連續作上了數月。

那些在我們心底，知道已經無法改變的事實，終究還是需要時間解開的。

在引產的數月後，我的身體恢復得也還行，不再像一開始那樣渾身病痛。只是，我時常感到私密處有股暖流湧出，像是不小心拉出了一大泡尿那樣……

但跑進廁所一看，卻什麼都沒有。

這個情況維持了蠻長的時間，甚至影響到了我的生活，我每天上班都得來來回回的不斷跑進廁所，可每次褲子脫下來一擦，還是什麼都沒有。

原來不是只有心上會存留傷痛的記憶，身體也會！

每當它們各自對傷痛的記憶走到了交叉點上時，我的心靈便會讓身體產生出極度真實的觸覺感，讓我完完全全相信有東西正在湧出來……

這也是需要時間的吧，那些彷彿昨日才經歷的，都需要再更多時間讓它過去。

先照顧好身體再想未來

因為開始注重身體健康了，我挑了許多保健食品。

「那個保健品我們一起吃好嗎？這樣身體養好了，說不定對以後要再懷孕有幫助。」剛上網訂購完保健品的我，轉頭問寶寶哥。

他爽快的回答：「好啊。」

但我話鋒一轉又說：「可是，我還沒想好以後還生不生……」

我問：「要是我以後就不生了，你可以嗎？」

「也可以呀，如果妳不生了，那我們就兩個人手牽手一起終老呀。」他一邊鏟貓屎，一邊說。

「可、可是你那麼老了耶，要是先死掉怎麼辦？」

「不會啊，我會好好活著，這樣才能照顧妳呀。」

「真的嗎？」聽得我亂感動一把的。

「對，我一定會好好活下去的！」他突然仰望星空，呃，變成了自己對自己的信心喊話。

配上他那繼續鏟貓屎的辛勞背影，我也只好收拾情緒：「那、那你加油吼。」

我終於去露營了

在月子坐完出關前，朋友聽說我打算將過去一直想做，但總沒去做的事都認真體驗一遍，當中包含了露營這一項。他們馬上就訂下了一個露營區，說要帶我去。

以前我就總嚷嚷著要去露營，但每次真有朋友約我去時，我要嘛抱怨夏天太熱，要嘛嫌冬天太冷，其實說穿了就是一個懶字，我根本不想搭帳篷，也不想準備食材、洗菜、切菜、煮菜、洗碗的。

朋友們大概也看穿我的心思了吧，這趟帶我去露營，大家都幫我搭帳篷，也沒讓我管食物的事，那兩天早上大家在外頭清理前一晚的杯盤、碗筷，我都睡到了中午才出來，大家也都由著我。

哎我說，像我這樣的壞朋友，怎能就這樣幸福的被大家照顧著呢！

露營的某一晚，當所有人舉杯說「敬美樂」的時候，好險我有忍住沒哭出來。

謝謝你們帶我去露營，能有這樣幫著自己實現願望的朋友，我畢生都會珍惜。

啊，說到這趟三天兩夜的露營，我想說可能會大吃大喝很多東西，還帶了鳳梨酵素去幫助消化。

可抵達露營區後，我發現在那種如公廁般的廁所裡我是無法拉屎的。（不是嫌棄的意思，是只要有人在門外走來走去，我就會無法放鬆拉屎。）

於是我從第一天就有在克制自己吃東西的量，也完全放棄喝酵素，想挑戰回家再拉屎。（好荒謬）

怎知露營這幾天的美食太多，我再怎麼克制，也還是吃進了不少！到了第二天下午，我就開始有了便意，但我還是覺得，忍耐一下應該沒問題的吧？

但忍到天黑時實在是快受不了了，我跟寶寶哥說：「老公，我真的好想拉屎喔！你覺得我能一路撐到回家嗎？」

想不到有極度潔癖且也不敢在外頭隨意拉屎的寶寶哥竟然鼓勵我：「老婆，妳不要怕公廁，那種蹲式的反而很好施力，非常好拉！」

我心動了。

「真的嗎？我真的辦得到嗎？」

他繼續鼓勵我：「是真的！妳試試看，我沒騙妳。」

於是，我就鼓起勇氣去拉了。

我只能說，我拉得很辛苦，隔著薄薄的一塊塑膠門，外頭有這麼多人走來走去，讓我拉到一半就有點縮回去了！

可我又因為吃了太多東西，屎量相當驚人，那可不是一時半會就能夠走出去的，我蹲到兩隻腿全麻掉，還差點站不起來擦屁股。

不過拉都拉了，就當一次自我突破吧！像我老公那種有超級潔癖的人都辦得到了，我有什麼不行的？

可沒想到，就在我們露營完回到家，前腳才一跨進電梯裡，寶寶哥就急著嚷嚷：「快快快快！我很想拉屎！」

「怎麼會呢老公？今天上午我們又沒吃很多東西。」我不解的問。

接著，空氣突然安靜……

欸，我這才頓時大驚！

「你該不會露營這三天都沒拉屎吧！」

他回：「對啊，那這麼髒，誰有辦法拉啊？」

「對啊，那這麼髒，誰有辦法拉啊？」

「對啊，那這麼髒，誰有辦法拉啊？」

「對啊，那這麼髒，誰有辦法拉啊？」

「淦拎娘我啦！」

他媽的請問他昨天是在鼓勵個屁？
還一副誠心誠意、好康道相報的表情，結果自己竟然根本就沒有在那裡
拉過屎！

11. 走這一趟的意義

為自己安排全身健檢

說起那一趟露營，還發生了件非常離奇的事。

我的耳鳴，竟然在露營的第一天說消失就消失了！

就跟我月子期間那不明原因的頭痛還有肩頸痛一樣，也是原因不明的突然消失得無影無蹤。來時不說原因，走時也沒一句道別。

我至今還是沒搞懂，這一切究竟是怎麼回事？

耳鳴好了以後，我給自己安排了一趟全身健檢。且為了保險起見，我咬牙選了費用很高的全套精密檢查，想一次驗收自己的身體狀況，如果還有什麼沒發現的，就一起治療吧。

兩週後，報告出來了！

很意外，我那個被懷孕搞得稀巴爛的身體，不僅現在沒什麼問題，各指數顯示都很健康。

我終於像是恢復到了從未懷孕以前的我。

過去這數個月在我身體上所發生的一切，全都像是一場夢，失落的是……睜開眼睛以後發現，自己還在原點。

我不知道這是不是另外一個信號，但總之我認為是了。

我每一次身體的反撲、再到痊癒，都讓我比以往更加深感健康的重要！過去本就認為自己很健康的我，從沒想過擁有健康是件多珍貴的事，直到歷經了這些苦難，更是收獲了寶貴的原來不只健康本身，還有健康的背後能持續帶來的勞動力！

我似乎找尋到了這一趟的意義

我期待那個健康的自己、那個還能有勞動力的自己，可以為這個社會再帶來更多的貢獻！

我關注了更多兒童議題，除了每一季固定捐款罕見疾病基金會之外，也在心中許下了另一個願望，我想為自己的家鄉捐贈一輛嬰幼兒能夠使用的救護車。

人真的要勇敢的許願，萬一實現了呢？

在我許下這個願望的三個月後，它就真的實現了。

我得知新竹馬偕的兒童醫院即將落成，聯繫了院方，確認這間醫院是否包含急症、重症的醫療資源，在得到肯定的答覆後，我就著手安排了救護車的訂購。

過程中遇見許多需要感謝的人，因受疫情影響，車體訂購需要等候一年以上的時間，但車公司的窗口在聽見我的故事後深受感動，說無論如何都要助我一臂之力來，達成這個願望。

對方非常幫忙的在短時間內調度到了一輛全新的車體，然而我對車內兒童所需的醫療設備並不熟悉，所以全權交給馬偕的醫療團隊，最終，誕生出了全台灣第一輛（寫這本書的當下）配有嬰幼兒裝置的**加護型**救護車。

在規畫這輛車的規格時，首先考慮的是如何盡可能讓急重症的嬰幼兒在上救護車之後能維持生命抵達目的地醫院。

它的空間更大，除了配有嬰幼兒所需的設備與功能，同時也配有符合成人使用的急救醫療設備，讓這輛車不僅可以提供嬰幼兒，也能幫助孕婦、產婦。

在拿到設備明細與訂車合約的那一天，我在辦公座位上呆坐了好一會兒，更是在心裡偷偷哭了一回。

孩子，如果不是妳，媽媽都不知道自己也有這樣的能力為社會做出貢獻。

雖然這輛救護車未來的每一次出動，可能都代表著有某個生命正在被搶救，但我們救不回自己的孩子，希望它能化為某種大愛，在他人真正被需要的時刻，讓更多生命得以延續。

我也想成為拉住某個人的手

當出版社找到我，詢問我是否有意願將這段故事寫成一本書時，我幾乎沒有考慮的就答應了。

過去八年裡，詢問我出書意願的出版社有很多，他們提議我可以寫運動的、創業的、經營管理的內容，我都是婉拒的。總感覺自己沒什麼資格可以出書教人，且書店裡的書架上似乎也不缺這樣類型的書。

直到這次自己答應得這麼快，才知道以前不想出書，原來只是找不到出書的意義而已。

我從他人的故事中慢慢復原，也希望能讓自己的故事幫助到其他人。

在我決定出書的消息公開之後，曾有人訊息給我：「妳為什麼要出書？為什麼要一直消費妳的孩子？為什麼要販賣妳的悲傷？」我雖然也因對方的沒禮貌感到憤怒，但靜下心重新回想一遍自己為什麼決定寫下這本書的原因後，這封訊息也顯得不重要了。

在我做月子期間，收到許多認識的、不認識的人的訊息，當中那些向我分享自己相同經歷、故事的文字，在我復原的過程中成了支撐我的很大動力，是那些富有同理的愛接住了我，更是那些文字讓我沒有再往更黑暗的地方掉下去。
如果我也能成為拉住某個人的那雙手，我將會非常樂意。

12. 上天不會一直虧待你的

一份溫暖且安定的力量

當我還在醫院時，粉專裡的大家得知後，留下的上千則留言中，有很多都是叫我去找台大的施景中醫師。

當時我查了施醫師的診，意外發現他每週竟然都有一個時段會到竹北台大看診，我打開預約網頁，卻發現上面備註了「植入性胎盤特別診」。由於我的情況不是植入性胎盤，不知道自己能不能掛號，但我實在太無助了，鼓起勇氣就私訊了施醫師的臉書。

想不到很快就收到了施醫師的回覆，他說我是可以掛號的沒問題。且他也有看到我的文章，還主動問了我一些情況，並告訴我他有同事跟我一樣出血到三十週，最後孩子還是平安的生下來了。

施醫師回傳的訊息，對當時那個無助的我來說，是非常溫暖且安定的力量！我很感謝他願意對沒見過面的我多說了幾句鼓勵的話，雖然最後我沒能等到看診的那一天，但這份感謝一直被我放在了心裡面。

引產後我就取消了掛號，也因為過於傷心，就沒再訊息通知施醫師了。

直到我後來身心靈都好了很多，才又再訊息了施醫師一次，雖不曉得他是否還記得我，但我仍想將感謝傳達給他。

想不到他回覆我，那天我沒有依約到診，他還特地上粉專來看，也知道了後面的事情。

我得知時還是有點小激動的，施醫師被譽為台灣高危險接生的最後一道防線，也曾是很多孕婦的救星，他的病人這麼多，卻記得一個沒有依約到診的陌生人。

最後，施醫師對我說，再好好準備下一胎：「老天不會一直虧待妳的。」

我一看到就哭了。

施醫師，謝謝你！雖然我們還沒有見過面，但謝謝這一切。

我的最後一次崩潰

如何可以更快的好起來？有人這麼問過我。

如果我可以以過來的人的身分給點建議，我的方法是：「讓生活重新回到軌道上，會是很有幫助的。」

回到職場以後，我的生活很快又再忙碌了起來，當所有的專注力都轉到了新的挑戰上，我真的好得更快了。

「我覺得回到職場是幫助我復原很快的原因之一。」在回到職場三個月後，我這樣對晴晴說。

「是啊，這也是為什麼我當初要選擇重新出來找工作的原因。」晴晴淡淡的說道，我知道她也憶起了第一胎的經歷。

我的雙手已經沒有了當初布滿的針孔，我心裡頭的傷，也已不再刺得我無法振作。

「我是真的好了嗎？」我這樣問自己，也試圖尋找正確答案。

五月的某一天，我在社群上看見我的美睫師生產了。

她跟我是在同個月分一起到不孕症診所進行試管的，我們的植入時間很接近，也都一起經歷過一些可怕的過程，當時我們時常傳訊息彼此打氣。

當我見到她的孩子平安來到這個世界時，我很替她開心，但也忍不住想起了自己的孩子……

那幾天上班，我都有些魂不守舍的。

終於撐到了星期五下班，我回到家，看見寶寶哥不在，家裡頭空蕩蕩的。

我馬上將自己埋進被子裡，因實在敵不住那股強烈的思念，我在被子裡放聲哭了出來。

幾乎用盡全身的力氣，放聲大哭。

那一刻我明白了，不需要追求好起來。

失去孩子就是已經發生的事，我是媽媽，我會一輩子記得她，難過沒有關係，那只是一種思念的方式而已。

生活是一定會隨時間好起來的，但我一樣能夠帶著這份思念，去到人生往後的每一站，並與這份思念共存。

那次是我的最後一次崩潰。

在那之後，我仍然會想起她、思念她，但我已不再害怕這個世界只剩下我會記得她。且她也將化成各種大愛，在這個世上留下她來過的證明。

回到職場一段時間後

以前我總因為擔心工作有臨時狀況，而不敢安排旅行。真的去旅行了，我的心也被自己留在了公司裡，手機不離身，一直擔心有突發狀況，搞得休假永遠比上班還要累，最後索性就不去旅行了，想休息時最多待在家裡，這樣公司有什麼狀況我至少還能隨時待命。

但現在我開始會給自己安排定期旅遊了，我與幾個好姐妹約好了每一季都要有一趟小旅行。

因為她們的身分都是媽媽了，也不能離家太久，所以我們的旅行都是兩天一夜的那種。

行程也都很放鬆，只會先決定要去哪個縣市跟住宿的地點，其餘的一概是出發後再一邊開車一邊查，並在每一次小旅行結束的那一刻，訂下下一次旅行的日期跟住宿房間。

某次在旅遊的車上，我放了一首近期聽到的、我很喜歡的歌。

其他人才一聽到前奏旋律馬上就說：「欸這首很好聽耶，是什麼歌啊？」

「好聽吧？這首歌的歌詞我也很喜歡！欸但我先強調，我真的沒有想把氣氛搞尷尬的意思喔，只是這首歌的歌詞都是我想跟蛋黃酥說的話，我第一次聽到時就亂感動一把的。」

OK～氣氛還是被我給搞僵了，整輛車陷入一片寂靜。

這是千千萬萬
萬萬千千個日夜
是我對你說不盡的思念
你的溫柔予我無限的眷戀
哪怕歲月容顏已經改變
我有千千萬萬萬萬千千個心願
穿越人海為見你一面

時間紛繁於我驚不起了波瀾
你的存在才是一切美好　使然

某天，我告訴晴晴：「我準備好了，我想去關心我身邊近期懷孕的朋友，補上我遲來的祝福。」

「我雞皮疙瘩起來了啦！」愛哭鬼晴晴感覺又要哭了。

「幹嘛啦！幹嘛這樣？」

「因為這才是原本的妳啊，妳回來了。」

看來，晴晴在我懷疑自己，以為自己往後再也無法祝福別人時，對我說的那句：「這一切都會過去的，不用勉強自己，給自己一些時間，妳會回到原本的妳的。」

是真的。

有些傷痛沒有處方箋，唯一能治癒的方法只有時間。

後來身邊的朋友們陸續告訴了我一些他們的觀察，他們覺得我算是恢復得很快的人，晴晴就曾說，每次我們一起去小旅行時，大家在討論著自己的孩子時，她都覺得我怎麼有辦法承受，難道不會感到很失落嗎？她覺得我很勇敢。

「欸？真的嗎？」

「真的啊，我真的好佩服妳。」

或許是我有著很多愛我的好朋友，或許是我讓自己勇敢、快速的回到人群裡，或許是我有著許多需要快速接受現實的人生經歷，又或許，這一切只是我願意擁抱無可救藥的樂觀。

在每一個痛徹心扉的夜晚，我還是感到很痛，但我知道不一定要追求好起來，有些難過，是可以被允許跟往後的人生共存的。

生日快樂

今天是七月二十號，是妳在媽媽手冊上的預產期。

我買了一個芒果戚風蛋糕，在心裡自己幫妳過了生日。

這些日子，我用了許多自己的方式來紀念妳。

我寫了一本好幾萬字的書，只是寫了才知道，這麼話多如我的人，把我們的故事都說盡了卻也還不到七萬字，原來寫書這麼難。

我捐了目前全台第一輛（寫這本書的當下）配有嬰幼兒裝置的**加護型**救護車，並把它留在了我們的家鄉即將落成的兒童醫院：新竹馬偕醫院。我將會以妳的名字為這輛救護車命名，縱使我並不希望自己會在路上遇見它，但希望它能在關鍵時刻救下寶貴的生命，讓這世上少去更多像我們這樣的骨肉分離。

我也正在嘗試打造一個屬於妳的星球！

現在的每一天，都有好多妳肯定也會很喜歡的叔叔阿姨們跟我一起在努力建構這個星球，這個星球就如同這輛救護車一樣，是因為理解這世上所有的父母都是絕對期盼孩子能平安、快樂長大而存在的。

妳雖然不會在我們的世界裡出生、長大了，但妳將會在那個宇宙裡出生、成長。我用留下一個品牌的方式來紀念妳，讓妳知道妳曾經的出現是那麼的有意義。

生日快樂，妳的願望我替妳許了，是一個我們一定能做到的願望：爸爸媽媽將一直記得妳，就算以後妳有了弟弟妹妹，也一樣那麼深愛妳。

後記：寫在這本書的最後

謝謝能將文字看到這裡的你

這個世界總是給我非常多的友善，網上每一則留言祝福我都有看，也都收進了心裡的口袋。

寫下這本書，是希望能陪伴跟我有過同樣經歷的人，也讓一直在我們身旁為我們擔心的陪伴者知道，不用對有相同經歷的人說加油，我們都已經很加油了。

也不用急著安慰我們孩子會再回來的，每個孩子都是獨一無二的，下次回來的也不是上次的替代者。

無聲的陪伴就已是最好的安慰了。

謝謝我所有的好朋友

我每每遇到重大挫折，總能一次看見原來自己有這麼多的好朋友，且都是如此真心的待我。

我是個很幸福的人，真的！即使這個篇章不是快樂的結局，但我仍感到自己是非常幸運的。

謝謝我身邊的所有醫療專業人員

先感謝我所有的醫師好友：台北中山醫院副院長翁榮聰醫師、禾馨婦產科的烏恩慈烏烏醫師、木生婦幼的李佳珩小李醫師，在我孕期最擔憂時曾給過我的所有鼓勵！

同時，我也要特別將最大的感謝留給新竹中國醫藥大學婦產科的全體人員，謝謝你們在這個月裡無微不至的照顧，能遇見你們一樣證明了我是幸運的。

謝謝我的主治黃伊妊醫師，妳是個非常好的醫生，謝謝妳留給我的所有溫柔。

我還待在醫院裡的時候，有很多來自四面八方的建議，問我要不要換個醫生？要不要轉院？還是要去醫學中心？但最後我還是沒有這麼做。

我也不會去想：「當初如果做下哪一個決定，是不是一切就會不一樣？」

我一直努力奉行媽媽教會我的：「人生如棋，落子無悔。」我甚至將這八個字刺在了自己身上。

人生裡的所有風景都是由我們給自己做下的各種大大小小決定組成的，不要當一個怨天尤人的人，生命裡的所有決定都是自己做的，沒有人強迫。

謝謝我的老公

我以前曾問過他，如果我懷孕了，他會再對我更好嗎？

他說不會。

「如果我還能對妳更好，那我為什麼不現在就做？」他強調，他已經無時無刻都沒有保留的對我好了。

但要是沒有走過這一趟，或許連他自己都不會知道，原來他還能再為我做到這樣。

所以請讓我再說一次，我已是個幸運且幸福的人，所以我不會沉浸在悲傷裡太久的，我已經如此幸福了，還有什麼好不開心的呢？

謝謝我自己

我已經盡了全力，所以沒有太多遺憾。

每當遇上結局不如預期時，我總能去擁抱那份「無可救藥的樂觀」。除了願將這份樂觀分享給更多人之外，在做過了一次父母後，也深刻理解了這世上所有的爸媽都希望看著自己的孩子快樂成長。

於是繼捐贈救護車之後，我又許下了另一個願望……

宇宙萬物生命的起源，都是源自一顆蛋黃開始的。

我將以蛋黃為名，孵育一個陪伴孩子在成長過程中能感到幸福與快樂的母嬰品牌。

謝謝自己在擁抱樂觀後學會了更多的奉獻，同時這或許也是我唯一能將蛋黃酥以另外一種形式、永遠留在我生命裡的方式了。

最後的最後，謝謝蛋黃酥

我將會永遠記得妳，也記得我們的小祕密。

我曾聽說過，每個孩子在來到這個世上以前都是天上的天使，他們都趴在雲朵上，很認真的為自己挑選爹地跟媽咪。

當他們挑好了，就會義無反顧的拋下在天堂的一切珍寶，全身赤裸、一絲不帶的朝他們的選擇奔去。

所以蛋黃酥，妳經過了這麼多風浪，就連血流成河時都沒能把妳給沖走，妳對自己的選擇也是下了很大的決心吧！妳在挑中我的時候，一定是也很喜歡我的，對嗎？

然而妳最後還在我們就快雨過天晴時離開了，我現在也能明白那在我人生裡帶給我的意義。

謝謝妳讓我體會一次做媽媽的感覺，也讓我體會一次完整的自然產，我更清晰的靠近了媽媽這個角色，這一切體會都是妳送給我的，我會將它永保在我心中那個屬於妳的盒子裡的。

妳回到天上以後，未來無論會去到誰家、做了誰的孩子，媽媽都將妳曾經來的這一趟，所有人曾送給妳的祝福，打包起來讓妳帶走了！

請帶著這些祝福，去到下一個家庭，做個健康幸福的孩子。

而我，是真的愛妳，即使我們只有相處四個月，但緣分的深淺從不是用認識的時間長短決定的。有人結識了一生還是緣分淺薄，有人一認識就成為了莫逆，妳雖然只來了四個月，但我們一起經歷的真的好多，很感謝路上有妳陪我。

再見了，我的蛋黃酥。

國家圖書館出版品預行編目資料

乘風破浪的蛋黃酥：擁抱無可救藥的樂觀／何雪帆（美樂蒂 Melody）著.-- 初版. -- 臺北市：圓神出版社有限公司，2022.10
304 面；14.8×20.8公分. --（天際系列；3）
ISBN 978-986-133-841-5（平裝）
1.CST: 心理創傷 2.CST: 女性心理學 3.CST: 母親
178　　111012959

Eurasian Publishing Group 圓神出版事業機構 用心與你對話．視野無限寬廣　圓神出版社 Eurasian Press

www.booklife.com.tw　　reader@mail.eurasian.com.tw

天際系列 003

乘風破浪的蛋黃酥：擁抱無可救藥的樂觀

作　　者／何雪帆（美樂蒂 Melody）
發 行 人／簡志忠
出 版 者／圓神出版社有限公司
地　　址／臺北市南京東路四段50號6樓之1
電　　話／（02）2579-6600．2579-8800．2570-3939
傳　　真／（02）2579-0338．2577-3220．2570-3636
副 社 長／陳秋月
主　　編／賴真真
專案企畫／尉遲佩文
責任編輯／吳靜怡
校　　對／吳靜怡．歐玟秀
美術編輯／金益健
行銷企畫／陳禹伶．朱智琳
印務統籌／劉鳳剛．高榮祥
監　　印／高榮祥
排　　版／陳采淇
經 銷 商／叩應股份有限公司
郵撥帳號／18707239
法律顧問／圓神出版事業機構法律顧問　蕭雄淋律師
印　　刷／祥峯印刷廠
2022年10月　初版

定價 360 元　　ISBN 978-986-133-841-5

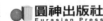